이것부터 해결하라

어제의 문제가 오늘도 반복된다면

실패하는
경영자는
답부터 찾고

성공하는
경영자는
진짜 문제를
찾는다

이것부터 해결하라

MAKE THE VITAL CHANGE THAT WILL LEVEL UP YOUR BUSINESS

마이크
미칼로위츠
지음

유지연
옮김

알키

경영자는 슈퍼 히어로다.
세상 그 누구보다도 세상에 기여하니까.
슈퍼 히어로인 당신에게 이 책을 바친다.

지금 당장 먼저
해결해야 할 문제가 뭐죠?

경영자들이 내게 연락할 때 대부분의 용건은, 큰 변화를 시행하거나 큰 문제를 해결하기 위한 도움 요청이다. 어떤 방법을 써도 당최 매출이 늘지 않는 기업도 있었고, 재정적 어려움에서 빠져나올 수 없는 기업도 있었다. 지금 이 책을 읽는 당신이 경영자라면(아니어도 높은 확률로 미래에 경영자가 될 것이다), 당신도 분명 같은 문제를 겪을 것이다. 사무실에 사원이 한가득 앉아 있어도 여전히 당신은 일에 허덕일지 모른다. 꿈꾸던 대로 세상에 영향력을 미치지 못해 경영에 대한 열정이 식었을 수도 있다. 다음 세대를 위해 발자취를 남길 방법을 찾지만 어떻게 실현해야 할지 모를 수도 있다.

일상에서는 어떤가? 항상 아귀가 맞지 않는 인사 문제, 잊을 만

하면 돌아오는 급여 지급일, 변덕스레 널뛰는 매출, 잡힐 듯 안 잡히는 효율성, 멀기만 한 매출 목표 등의 '표면적 문제'로 바쁜 나날을 보낸다. 문제는 '어떤' 문제에 '먼저' 초점을 맞춰야 할지 잘 몰라서 가장 쉽게 할 수 있는 일부터 시작하는 것이다. 해치워야 할 과제와 풀어야 할 문제가 있음을 알아도 '즉시 처리해야 할 것처럼 보이는 일'부터 살펴보면서 정작 중요한 일을 미룬다. 시간이 더 있을 때 하겠다며 말이다.

"신세 많이 졌습니다. 맥주 한잔 살게요!"

동료 데이브 린Dave Rinn이 보낸 유쾌한 이메일 제목이 내 눈길을 사로잡았다. 그렇게 메일을 열었다.

> 난 여기에 꼼짝없이 파묻혔어요. 최근에 사원 한 명이 퇴사했고 다른 한 명은 하와이에 갔죠. 그간 나는 셋이 하던 업무에 혼자 깔려 있었어요. 그동안 일이 들어오면 어떻게든 해치우곤 했지만, 두 명이 나가 버리니 뭐든 잘하려는 방식이 전혀 효과가 없었죠. 모든 일을 할 게 아니라 꼭 필요한 일을 했어야 했어요. 하지만 난 수많은 선택으로 마비된 듯한 느낌이었죠. 무엇부터 손을 대야 할지 몰랐을 정도로요.

꼼짝없이 파묻혔어요, 마비된 듯한 느낌이었죠, 무엇부터 손을 대야 할지 몰랐을 정도로요…. 경영자라면 때때로, 아니 항상 이런 느낌을 받기 마련이다. 경영자만이 결정하고 해결해야 하는 온갖 문제에 파묻혀 온몸으로 느껴지는 그 무게는 경험의 깊이, 시간과 성공 경험에 관계없이 가혹하기만 하다. 이제 막 시작한 기업이든지, 업계 톱이든지, 사원 급여 주기에도 빠듯하든지, 앉아만 있어도 수익이 나든지 간에 일단 해치워야 하는 경영상 요구와 문제는 당신을 마비시킬 수 있다.

> 그간 저는 직감에 충실했습니다. 모든 문제는 해결해야 할 문제였고, 모든 기회는 이용해야 할 기회라 생각했어요. 급한 순간이 닥치면 '소방관' 모드가 돼서 엉덩이에 붙은 불을 끄곤 했습니다. 누가 됐든 가장 크게 소리 지르는 사람과 대응했죠. 팀원이 돌아오면 저는 '소방관' 모드에서 '비상요원' 모드로 바뀌었어요. 팀원에게 어디 불을 끄라고 알려 주는 것만 다를 뿐 결국 똑같은 문제였죠. 끝나지 않고 줄줄이 이어지는 이런 문제 때문에 우리에겐 구체적 성장 경로가 보이지 않았습니다.

린은 코치로서 자산관리 회사를 운영 중이다. 그동안 경쟁사를 압도하기 위한 그의 솔루션은 무엇이었을까? 더 많은 사람에게 더 많은 일을 시키는 '본능적' 대응이었다. 그러나 사원 두 명이 줄어들자 그는 모든 일이 똑같이 중요하지 않음을 새로이 느낀 것이다. 갑자기 그는 매출, 장부 기록, 코칭 스케줄 관리, 코칭 실시, 고객 데이터 확보 등 경영의 모든 측면을 다뤄야 했다. 사원 두 명이 나가면서 회사에 줄곧 존재했던 '약한 고리'가 위기로 나타났다.

> 지난번 당신이 줬던 그 도구를 봤어요. 그것은 제게 조급함을 늦
> 추고 직감에서 벗어나야 함을 일깨워 주었고, '모든 일을 조금씩
> 하되 먼저 해결해야 할 한 가지가 무엇인가?'라는 질문을 생각하
> 게 해 주었어요.

이제 린은 비장의 무기를 가졌다. 무기라 해서 공구함 속에 있는
둔탁한 것이 아니라, 책상 앞에 붙여 놓은 팔랑대고 단순한 종잇조각
이다. 그 도구는 **'이것부터 해결하기**Fix This Next, FTN**'**라는 것인데, 나는 몇
년 전 린에게 그 도구를 건넸었다. 린은 그 도구를 이용해 현재 일어
나는 문제와 관련해 네 가지 이슈가 있음을 발견했다. 두 가지는 매출
및 코칭 스케줄과 관련된 이슈였고, 나머지 두 가지는 내가 '체계'라
고 부르는 전반적 효율성과 관련된 이슈였다.

> 제 솔루션은 땜질 처방이 아니었습니다. 그야말로 체계를 재정비
> 하는 것이었어요. 문제는 바로잡혔고 급한 일에 파묻힌 상태로
> 돌아가지 않았어요. 그 솔루션은 지금도 도움이 되고 내년에도
> 도움이 될 겁니다. 이젠 문제와 이슈를 미래에 도움이 될 방법으
> 로 해결할 수 있어요. 이제 무엇부터 해결해야 할지 의문이 들면
> 일단 FTN을 분석합니다. 그렇게 통제력을 되찾고 경영을 진전시
> 킵니다.

"당신이 지금 당장 먼저 해결해야 할 문제가 뭐죠?"

이 한 줄 질문에 제대로 답하는 경영자는 많지 않다. 경영뿐만 아니라 삶에서도 우리는 직면하는 문제 중에 무엇이 가장 중요하고 '지금 당장 먼저' 해결해야 하는 문제인지 확신하지 못한다. 만약 표면적 부분에 집중한다면 당신은 그 순간에 성패를 좌우할 것 같은 문제를 찍을 것이다. 그렇지 않은가? 당신의 직감이 말하기 때문에, 그 결과에 감정적으로 연결되기 때문에 혹은 가장 다루기 쉬워 보이기 때문이다.

여기서 당신은 지금 당장 먼저 해결해야 할 문제가 무엇인지 내가 콕 집어 알려 줄 것이라 기대할지도 모른다. 내 책인《수익 먼저 생각하라Profit First》가 수익이 우선적 문제라고 생각하게 만들었을 수도 있다. 하지만 꼭 그런 것은 아니다. 나는 그 문제가 무엇인지 알려 줄 수 없다. 대신 경영상 마주치는 문제 중 가장 중요한 문제를 어떤 순간에도 빠르게 찾아낼 수 있도록 FTN이란 도구를 소개하려 한다.

FTN이 왜 효과적일까? 경영에서 가장 보편적이고 기본적인 '필수욕구'를 찾을 수 있고, 그 욕구를 해결하는 순서를 제시하기 때문이다. 표면적 문제 때문에 지금 당장 먼저 해결해야 할 필수욕구를 간과하지 않고, 직접 마주쳐 해결하는 과정에서 표면적 문제는 물론 그 밖의 숨은 문제까지 해결할 수 있다. 예를 들어, 집을 짓는다면 먼저 토대가 필요하고 그 위에 1층, 2층이 차례로 올라간다. 무엇이 무엇을 어떤 순서로 지탱하는지 고려해 짓지 않으면 그 집은 무너진다. 경영에서 표면적 문제에 집중한다는 것은, 토대가 점점 갈라져서 집이 1층부터 무너질 위험에 처했는데 한가롭게 3층 창문을 바꾸는 것과 같다. 이 책을 통해 당신은 '소방관' 모드에서도 핵심 이슈를 정확히 짚기 위한 '멈춤'이 가능해질 것이다. 일이 진행되지만 빠르게 나아가지 않을 때 틀어야 할 방향도 보일 것이다.

그간 내가 쓴 모든 책에서 가장 중요한 목표는, 내가 제시한 도구와 전략을 쉽게 이용해 경영 목표를 달성할 수 있도록 기업가 정신의 일부 측면을 단순화하는 것이었다. 수많은 경영자가 내 도구를 적용한 뒤 경영에서 일어난 변화를 내게 공유해 주었다. 그러면 이 책은 어떨까? 그리 겸손하지 못한 생각일 수 있지만 내 모든 도구의 모태가 담겨 있다. 이제 사람들이 내 책 중 무엇을 먼저 읽어야 하는지 물어보면 바로 이 책을 읽으라고 자신 있게 말할 수 있다.

경영이란 기업의 영속을 위한 기나긴 여정이다. 기업이라는 집을 짓기 위해 당신은 멋지게 층을 쌓다가 언제든 이 책을 들춰 지금 당장 먼저 해결해야 하는 문제를 찾아내 해결하고, 그다음 문제를 찾을 것이다. FTN이 당신의 경영에서 작동을 멈추지 않고 계속 참고할 수 있는 도구가 되길 바란다.

당신은 당신 생각보다 목표에 훨씬 더 가까이 있다. 옳은 방향으로 가기만 하면 된다. 이 책이 그 방향을 알려 주는 나침반이 되길 바란다.

FTN의
25가지 핵심 욕구와 질문

매출 Sales

1. 라이프스타일 일치 Lifestyle Congruence

당신의 개인적 안정을 위해 기업의 매출 성과가 얼마나 돼야 하는지 아는가?

2. 잠재 고객 유치 Prospect Attraction

기업의 필요 매출이 유지될 만큼 우수한 잠재 고객을 유치하는가?

3. 고객 전환 Client Conversion

기업의 필요 매출이 유지될 만큼 우수한 잠재 고객을 고객으로 전환하는가?

4. 약속 이행 Delivering on Commitments

기업이 고객과의 약속을 온전히 이행하는가?

5. 대금 수금 Collecting on Commitments

고객이 기업과의 약속을 온전히 이행하는가?

수익 Profit

6. 부채 청산 Debt Eradication

기업이 부채를 늘리지 않고 지속적으로 상환하는가?

7. 수익 건전성 Margin Health

기업이 건전한 이익률을 얻으며 제품과 서비스 개선을 지속적으로 모색하는가?

8. 거래 횟수 Transaction Frequency

고객이 기업의 제품과 서비스를 반복적으로 구매하는가?

9. 수익성 있는 레버리지 Profitable Leverage

부채는 예측 가능한 수익성 증대를 목적으로 사용되는가?

10. 지불준비금 Cash Reserves

3개월 이상의 비용을 충당할 정도의 현금이 있는가?

체계 Order

11. 헛수고 최소화 Minimized Wasted Effort

업무의 비효율을 줄이기 위해 지속적으로 적용하는 모델이 있는가?

12. 역할과 역량의 일치 Role Alignment

구성원의 역할과 책임이 각자 역량에 부합하는가?

13. 결과 위임 Outcome Delegation

문제 해결 권한이 문제와 가장 밀접한 사람에게 있는가?

14. 핵심 인력 여유 Linchpin Redundancy

핵심 사원이 없어도 업무가 차질 없이 운영되는가?

15. 우월한 평판 Mastery Reputation

기업이 업계 최고로 알려져 있는가?

영향력 Impact

16. 혁신 지향 Transformation Orientation

거래를 넘어 혁신으로 고객에게 이익을 주는가?

17. 미션을 통한 동기부여 Mission Motivation

구성원이 각자의 역할보다 기업 미션 수행에서 더 큰 동기를 얻는가?

18. 꿈과 비전의 일치 Dream Alignment

구성원의 꿈과 기업 비전의 방향이 일치하는가?

19. 피드백 신뢰성 Feedback Integrity

구성원, 고객, 커뮤니티가 비판적 · 우호적 피드백을 모두 제시하는가?

20. 보완 네트워크 Complementary Network

고객경험 개선을 위해 타사와 협력을 추구하는가?

유산 Legacy

21. 커뮤니티 지속성 Community Continuance

고객이 기업을 열렬히 응원하고 지원하는가?

22. 계획적 리더십 전환 Intentional Leadership Turn

참신함을 유지하기 위한 계획이 있는가?

23. 진심 어린 후원자 Heart-based Promoters

기업 안팎에서 자발적 홍보가 일어나는가?

24. 분기별 조정 Quarterly Dynamics

명확한 비전이 있는가? 그리고 그 비전을 위해 분기마다 적극적으로 조정을 시행하는가?

25. 지속적 적응 Ongoing Adaptation

기업이 지속적으로 변화에 적응하고 개선하도록 설계됐는가?

CONTENTS

PROLOGUE 지금 당장 먼저 해결해야 할 문제가 뭐죠? **7**

FTN의 25가지 핵심 욕구와 질문 **13**

CHAPTER 1

당신은 목적지로 가고 있는가? 23
해야 할 일 대신 하고 싶은 일만 찾고 있지 않는가?

CHAPTER 2

찾은 다음 해결하라 51
진짜 위기 앞에서 당당해지는 법

CHAPTER 3

얼마를 쓰기 위해 얼마를 벌 것인가? 77
당신의 지갑이 풍성해야 회사의 지갑도 풍성해진다

욕구 1 라이프스타일 일치 **84** | **욕구 2** 잠재 고객 유치 **89** | **욕구 3** 고객 전환 **94** | **욕구 4** 약속 이행 **99** | **욕구 5** 대금 수금 **103**

CHAPTER 4

'진짜' 이익을 내고 있는가? 117
바로 쓸 수 없다면 진짜 수익이 아니다.

욕구 6 부채 청산 **123** | **욕구 7** 수익 건전성 **130** | **욕구 8** 거래 횟수 **134** | **욕구 9** 수익성 있는 레버리지 **137** | **욕구 10** 지불준비금 **141**

| CHAPTER 5 |

바쁘다고 좋은 조직은 아니다 149
CEO가 한 달 휴가를 떠나도 문제없는 조직의 비밀

욕구 11 헛수고 최소화 **153** | **욕구 12** 역할과 역량의 일치 **158** | **욕구 13** 결과 위임 **161** | **욕구 14** 핵심 인력 여유 **166** | **욕구 15** 우월한 평판 **170**

| CHAPTER 6 |

돈이 쌓였다면 베풀어라 179
베푼 만큼 이익으로 돌아온다

| CHAPTER 7 |

내가 없어도 문제없는 회사로 193
CEO가 사라져도 회사는 사라지지 않는 법

욕구 16 혁신 지향 **198** | **욕구 17** 미션을 통한 동기부여 **201** | **욕구 18** 꿈과 비전의 일치 **206** | **욕구 19** 피드백 신뢰성 **209** | **욕구 20** 보완 네트워크 **214**

| CHAPTER 8 |

영원한 유산을 남기고 은퇴하라 225
기업, 그 이상의 기업이 되기

욕구 21 커뮤니티 지속성 **228** | **욕구 22** 계획적 리더십 전환 **232** | **욕구 23** 진심 어린 후원자 **236** | **욕구 24** 분기별 조정 **242** | **욕구 25** 지속적 적응 **245**

EPILOGUE 당신은 할 수 있으며 해낼 것이다 **252**

부록 1 주요 용어 해설 **256**
부록 2 참고할 만한 콘텐츠 **263**
부록 3 부착용 FTN 워크시트 **266**

이것부터 해결하라

FIX THIS NEXT

MAKE THE VITAL CHANGE THAT WILL LEVEL UP YOUR BUSINESS

당신은
목적지로 가고 있는가?

해야 할 일 대신
하고 싶은 일만
찾고 있지 않는가?

아침에 출근한 당신. 소방 장비(안경, 이메일, 샷 추가 커피)를 착용하고 불을 끄기 시작한다. 열 받은 고객 진정시키기, 뒤늦은 제안서 보내기, 허겁지겁 사원 급여 챙기기 등이다. 이렇게 급하게 불을 끄는 동안 커피를 세 잔이나 마시니 당신은 '다리를 단단히 꼬고 있을' 수밖에 없다. 바쁜데 화장실 갈 시간이 있을까? 안 그런가? 하지만 그 전에 해야 할 일도 있다. 사원 대상으로 '희망으로 가득할 기업 미래'에 대해 연설부터 해야 한다. 그동안 미룬 중대한 프로젝트에 몰두할 시간이 난다 해도 "이게 정말 중요할까?"라는 질문도 절실히 답을 기다린다. 당신이 몰두하려는 그 중요한 프로젝트가 기업에 정말 의미 있는 영향을 미칠 수 있냐고.

10년이 훨씬 넘는 시간 동안 내가 가장 많이 겪던 불은 자금 문제였다. 개인적으로는 대출한도 초과에 엄청난 신용카드 대금과 주택담보대출을 안고 있었고, 회사에서는 사원 급여를 챙겨야 했다. 마치 심장마비가 반복적으로 일어나는 것처럼 매시간, 매일, 매달 끊임없는 압박감이 가슴을 짓눌렀다. 나는 성장에 대한 투자라고 (헛된 믿음과 함께) 거북하게 둘러대며 친구에게 돈을 빌려야 했다. 매달 신용카드 대금이 얼마나 나왔는지 확인하기가 겁나서 명세서를 뜯지도 않고 있다가 독촉 전화를 받고서야 확인했다. 신용카드 대금은 7만 5,000달러를 넘었고, 개인 대출에 더해 기업 대출도 있었다.

절망적인 상태에서 나는 '매우 분명해 보이는' 솔루션에 집중했다. 바로 매출이었다. 더 많은 고객에게 더 많은 물건을 팔기 위해 모든 것을 동원했다. 대상을 가리지 않고 무엇이든 팔기 위해 갖은 애를 썼다. 매출 증대가 확실한 솔루션이긴 했지만 매출이 늘어나도 수익은 좋아지지 않았다. 매출이 늘어날수록 개인 대출도 설명할 수 없을 정도로 늘어났고, 대출한도 초과로 36만 5,000달러에 이르는 개인 부채를 졌다. 회사가 더 많은 돈을 버는 사이 정작 나는 스스로 재정적 무덤을 파고 있었다. 어째서 매출이 늘어도 문제가 해결되지 않았을까? 매출을 늘린다고 비즈니스가 개선되지 않는다는 사실을 당시의 나는 이해할 수 없었다.

문제 해결에 대한 영감은 절망의 나락이 가장 깊을 때 떠올랐다. 운명적인 어느 날 아침, 프린터가 고장이 났는지 제대로 작동하지 않았다. 나는 덮개를 열어 토너를 꺼낸 다음 다시 원래대로 넣었다. 하지만 여전히 먹통이었다. 나는 다시 '수리'를 시도했다. 똑같이 덮개를 열어 토너를 꺼낸 다음 다시 넣었다. 여전히 아무것도 해결되지 않았다. 나는 같은 조치를 다시 한 번 '좀 더 세게' 시도했다. 덮개를 확 당긴 후 토너를 꺼내 스프레이마냥 세게 흔든 뒤 던지듯 끼워 넣었다. 분노에 차올라 점점 더 거칠게 덮개를 여닫으면서 프린터를 고치려 애썼다(아마 한두 마디 욕도 내뱉은 것 같다). 그렇게 다섯 번을 시도하던 때, 나는 깨달았다. 무의식적으로 아무 소용없는 조치만 반복한다는 사실을. 자연스레 다른 방법을 시도해야겠다는 생각이 들었다. 프린터를 창밖으로 집어던지고 싶을 지경이었지만 꾹 참고 '잠시 멈춰' 곰곰이 생각했다. 내가 휘두른 힘 때문에 상황이 더 악화된 것 같았다.

그렇게 프린터 뒷면을 살펴보다가 용지 투입구에 낀 작은 종잇조각을 발견했다. 그렇게 종잇조각을 빼냈고 우리는 다시 업무를 시삭할 수 있었다. 그렇게 나는 문제 해결을 위한 어떤 방법이 효과를 내지 못한다면 아무리 반복해 시도한다 해도 소용없음을 깨달았다. 아무리 같은 일을 더 열심히 해야겠다는 직감이 든다 해도 진짜 솔루션이 아닐 수 있었다.

'기업의 진짜 문제가 매출이 아닌 다른 데 있다면?'

그 자리에서 나는 스스로에게 질문했다. 그리고 '더 많은 고객에게 더 많은 물건을 팔기'로 돌아가지 않고 '잠시 멈춰' 진짜 장애물이 어디에 있을지 깊이 고민했다. 매출이 문제로 보였던 게 실제로는 전혀 그렇지 않았음을 알았다. 진짜 문제는 '수익'이었다! 그동안 난 잘못된 문제를 놓고 씨름했었다. 매출을 늘리려던 모든 노력은 실패할 수밖에 없었다. 나는 다른 조치를 취했고 기업을 구할 수 있었다. 그렇게 기업은 내게 45분기 연속으로 수익을 안겼다. 이 솔루션은 내 기업을 포함해 수십만 개 기업을 수익성 높은 구조로 전환시키는 데 도움을 준 '**수익 먼저**Profit First'의 바탕이 됐다.

재미있는 사실은 수익을 우선시한다는 솔루션이 비교적 단순하다는 점에서 특별할 수 있지만 이를 먼저 생각한 건 내가 아니라는 점이다. 아마 당신도 비슷한 생각을 했을 것이다. 하지만 중요한 것은 누가 먼저 찾았냐가 아니다. 당신 머릿속엔 이미 답이 있었고 혹은 누군가가 이미 책도 써 놓았다. 정말 중요한 것은 타이밍이다. 아무리 좋은 솔루션이라도 타이밍이 어긋나면 약간의 이득과 큰 좌절로 돌아온다. 핵심은 적절한 시점에 옳은 솔루션을 적용하는 것 그리고 이번에 할 일이 무엇인지를 아는 것이다.

기업의 규모를 막론하고 모든 경영자는 힘겨운 싸움을 이어 간다. 수익은 고사하고 매출을 달성하기 위한 혹은 세상을 변화시키기 위한 계획을 잘 이뤄 내는 경영자는 생각보다 드물다. 심지어 그마저도 결국은 어느 순간 길을 잃고 만다. 그 이유는 경험이 부족해서, 자원이 부족해서, 돈이 부족해서는 아니다(물론 이 세 가지는 경영의 실패 요인으로 흔히 거론된다).

자신의 가장 큰 문제가 무엇인지 모른다는 점. 이것이 대부분의 경영자가 가진 가장 큰 문제다. 분명 대부분이 모른다. 모든 문제가 걸

잡을 수 없이 번지기 전에 빨리 꺼야 하는 불처럼 중요해 보이기 때문이다. 당신도 경영자라면 그렇게 느낄 것이다. 어쩌면 고쳐야 할 문제를 정확히 안다고 착각할지도 모른다. 그 문제를 해결할 수만 있다면 모든 일이 잘 풀릴 것이라 여기면서. 그러면서 목표 달성을 위해 처리해야 할 '모든 일'을 일목요연하게 확인하는 체크 리스트를 만들 것이다. 그리고 그 체크 리스트에 대한 악착같은 실행만이 솔루션이라 믿을 것이다. 당연히! 그렇지 않다. 문제 하나를, 심지어 모든 문제를 성공적으로 해결한다 해도 당신의 경영에는 큰 진전이 없을 것이다.

지난날 나도 그랬다. 무엇이 됐든 눈앞에 닥친 문제부터 해결하는 덫에 걸리곤 했다. 가까스로 어려움을 벗어난 상황이든, 기업을 한 단계 발전시켜야 하는 상황이든 겉으로 드러난 문제를 향해 서둘러 달려가기 바빴다. 뻔하디 뻔한 업무와 삐걱대는 조직 같은 문제 말이다. 그러나 드러난 문제를 해결하는 과정에서 정작 중요한 문제에 소홀했다. 끊임없이 문제를 해결하러 뛰어다녔음에도 문제가 해결되지 않았다.

드물긴 하지만 그렇게 뛰어다녀서 기업이 한 단계 도약할 때도 있다. 안도의 한숨이 나온다. 긍정적인 움직임이 보이는 이 시기엔 미래가 너무 눈부시니 선글라스를 써야 하나 싶다. 하지만 기쁨을 더 느낄 틈도 없이 기업은 곧바로 다시 기울고, 이러한 반전은 더욱 뼈아프다. 짧은 성공 후 찾아오는 난관은 심한 좌절감을 안겨 줄 뿐만 아니라 대가는 더욱 비싸고, 사기를 더욱 떨어뜨리기 때문이다. 나는 이를 '생존의 덫 Survival Trap'이라 부른다. 안타깝게도 경영자가 가장 자주 빠지는 상황이다. 덫에 걸린 경영자는 당장 오늘을 살기 위해 (대개 허둥대며) 조치를 취한다. 내일도, 모레도, 글피도 마찬가지다. 그저 하루를 살아 내는 게 목표가 돼 버린다. 생존의 덫은 다양한 방식으로 나타난다. 만약 현금흐름이 원활하지 않다면 얼마 남지 않은 자금을 시급한 문제와 기회에 쏟아부은 다음 수익이 마법처럼 되돌아오길 기대하는 식이다. 시간과 관련된 문제에서는 지속 가능한 체계를 구축하기보다 일단 불을 끄고 임의의 분기 목표를 좇는 식으로 '장시간' 일하면서 체력을 고갈시킨다. 뻔한 문제를 임시로 수습하면서도 어째서 문제가 계속 반복되는지 궁금해한다.

하지만 경영자는 타고난 해결사다. 당신 역시 그렇다. 타고난 해결사가 아니면 애초에 경영을 시작할 수 없기 때문이다. 당신의 기업이 주춤한다면, 당신이 해결할 수 없는 문제에 부딪혔기 때문이 아니다. 당신은 문제를 바로잡을 수 있다. 지금 가장 큰 문제가 무엇인지 파악하고, 무엇을 어떤 순서로 고쳐야 하는지 알아낼 수만 있다면 말이다. 이에 전념하면 당신의 비전은 실현될 것이고 경영도 크게 진전시킬 수 있다.

산책길에서 '멧돼지'를 만나지 않는 법

✕

어맨다 엘러 Amanda Eller 는 하와이 숲을 가볍게 산책하러 나갔다 17일간

실종된 끝에 목숨을 구했다. 산책 계획은 5킬로미터 정도 걷기였다. 그는 한 장소에서 통나무에 앉아 명상을 했다. 명상을 마치고 차로 돌아오려 했지만 방향을 잃어서 어느 쪽으로 가야 할지 알 수 없었던 것이다. 그는 구조대에게 발견된 뒤 인터뷰에서 이렇게 말했다.

"저는 '내면의 안내'를 느끼는 강력한 감각을 가졌습니다. 목소리, 정신… 뭐라고 부르든 말이죠."

어째서인지 그 강력한 내면의 안내는 그날 작동하지 않았고, 17일간 도움이 되지 못했다. 심지어 엘러는 이리저리 방향을 바꾸며 걸었다. 그러다 산책로가 아닌 길로 접어들었는데 하필 그곳은 멧돼지가 다니는 길이었다. 내면의 안내가 그를 멧돼지가 다니는 길로 인도했다. 잘못 쳐다보면 당신을 향해 덤벼드는 작은 코뿔소 같은 야생 멧돼지가 다니는 길로 말이다. 구조대에 발견된 당시 그는 심하게 다쳐거의 움직일 수 없는 상태였고(다행히 멧돼지의 공격 때문은 아니었다) 구조될 것이라는 희망을 모두 내려놓고 있었다. 그런데 알고 보니 그는 차에서 불과 몇 킬로미터 떨어지지 않은 곳에 있었다.

엘러가 숲에서 나오는 데 도움이 될 만한 도구는 무엇이었을까? 그는 휴대폰과 물을 챙겼어야 했다고 나중에 시인했다. 이에 더해 휴대폰 배터리가 방전되거나 통신 가능 지역을 벗어날 경우를 대비해 나침반을 챙기지도 않았다. 배터리, 충전기도 필요 없고 어떤 기상 조건에도 작동되며 주머니에 쏙 들어가기까지 하는 나침반 하나라도 있었다면 그는 무사히 돌아왔을 것이다.

나는 목표를 달성하기 위해 뭔가를 '바꾸려' 하기보다 본성에 따라' 일함이 옳다고 굳게 믿는다. 내가 '수익 먼저'를 설계한 이유 역시 우리의 본성과 경향에 맞추어 기업을 은행 계좌로 관리하기 위해서였다. 예전에 나는 계좌에 얼마가 있든 족족 지출하곤 했다. 세금 납부나 장비 구매 등을 위해 일부라도 남겨 두어야 함을 알면서도 말이다. 물론 다 쓰지 않으려 노력했지만 그것은 의지의 게임이었다. 나는 항상 그 게임에서 졌다. 나중에서야 일부 수입을 따로 배분하면서, 영업비가 바닥나도 다른 항목, 특히 '수익' 계좌에 충분한 돈을 유지할 수 있었다. 따라서 우리에게 정말 필요한 것은 우리의 자연스러운 본성에 따라 작동하는 시스템이다.

당신은 지금도 직감을 통해 지형을 탐색할 수 있다. 하지만 나침반도 쓸 수 있다면 어떨까? 당신의 직감이 '항상 옳은' 방향으로 향하도록 나침반이 도울 것이다. 그 나침반은 바로 **'이것부터 해결하기**Fix This Next, FTN**'**다. 경영에서 방향을 잡으려면 먼저 기업에 장애물로 여겨지는 것이 무엇인지 아는 데서 시작해야 한다. 그리고 당신이 가야 하는 방향(즉, 당신이 지금 당장 해결해야 하는 문제)으로 곧장 나아가야 한다. FTN이 그에 대해 알려 줄 것이다.

경영자가 매슬로를 이해해야 하는 이유

✕

기업 성장을 위한 조치는 매출 단계에 따라 결정돼야 한다는 말이 있다. 당신도 들어 본 적이 있을 것이다. 예를 들어, 연 매출이 25만 달러에 이르면 정규직이 한 명 필요하고, 100만 달러가 되면 틈새시장 전문화를 완성해야 하고, 500만 달러가 되면 현금 은닉처를 만들어야 하며 1,000만 달러에 이르면 시스템이 가장 중요하다는 식이다.

나름 일리가 있고 때로는 적용할 수 있는 지침이기도 하지만, 우리 시대에 큰 설득력을 갖지는 못한다고 나는 생각한다. 매출 자체만으로는 기업의 성장이 건실한지 여부를 정확히 알 수 없기 때문이다. 연 매출 25만 달러 기업이 100배의 매출을 올리는 기업보다 더 성공적일 수도 있지 않은가? 작은 기업이 경영자에게 더 큰 만족을 주고, 수익성이 더 좋고, 더 효율적으로 운영될 수도 있다. 또 업계와 지역 사회에 더 큰 영향을 미쳐 눈부신 유산을 창출할 수 있다.

이 모델의 문제는 또 있다. 부분적으로 '알량한 자존심'에 뿌리를 둔다는 사실이다. 왜 수백만 달러 규모의 기업을 만들고 싶은가? 자신이 정해 둔 개인적·직업적 목표 때문인가? 아니면 남에게 자랑하고 싶어서인가? 스스로에게 솔직해져야 한다. 매출 목표가 임의로 정해지는 바탕엔 친구들로부터 "와, 이 지식! 대단한데!"라는 말을 듣고 싶은 욕구가 깔릴 수도 있음을 인정해야 한다.

여기서 나는 적합한 전략을 규명하는 데 더 유용한 모델을 소개하려 한다. 그 유명한 에이브러햄 매슬로Abraham Maslow 는 오늘날 '매슬로의 욕구 단계'로 알려진 심리학 이론을 1943년에 정립했다. "인간 동기에 관한 이론A Theory of Human Motivation"이라는 제목으로 학술지에 발표된 매슬로의 욕구 단계Maslow's Hierarchy of Needs 는 인간의 욕구를 5단계로 나누어 설명한다.

1단계 | 생리적 욕구

인간의 생존을 위해 가장 중요한 욕구로 공기, 음식, 물, 주거지, 성, 수면 등을 추구한다.

2단계 | 안전의 욕구

안전한 환경, 건강, 경제적 안정을 추구한다.

3단계 | 소속의 욕구

사랑, 우정, 공동체, 가족, 친밀감을 추구한다.

4단계 | 존중의 욕구

자신감, 자부심, 자아 존중, 성취, 존경에 주목한다.

5단계 | 자아실현의 욕구

가장 높은 단계로 도덕성, 창조성, 자기표현을 갈망하며 타인의 자아실현을 돕고자 한다. 매슬로는 이 단계에서 우리가 모든 잠재력을 실현한다고 주장했다.

매슬로의 욕구 단계를 모른다 해도 우리는 상위 단계의 욕구에 관심을 쏟기 위해서는 하위 단계의 욕구가 먼저 충족돼야 함을 이해할 수 있다. 소속의 욕구에 집중하려면 먼저 숨 쉴 공기, 적절한 수분과 영양 공급, 안전한 잠자리 같은 기본적 요소가 만족돼야 한다. 피

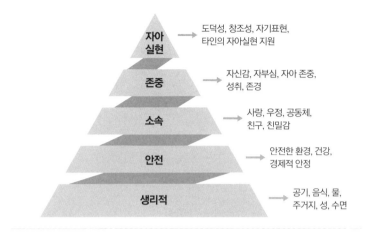

그림 1 매슬로의 욕구 단계

곤하고 배고프면 자아실현이 어렵지 않겠는가?

예외는 있다. 일상에서 기본적 욕구가 '완전히' 충족돼도 간혹 이 피라미드의 밑바닥으로 돌아갈 때 말이다. 예를 들어 보자. 지금 당신은 더블베이컨치즈버거를 입에 욱여넣으며 공부가 됐든, 일이 됐든 훌륭히 자아실현을 이루는 중이다. 그러나 햄버거가 목에 걸리는 순간 꼭대기의 고귀한 욕구는 중요하지 않게 된다. 가장 필요한 욕구 딱하나를 해결해야 한다. 바로 햄버거를 목구멍에서 빼내는 것.

BHN | 경영에도 욕구 단계가 있다

×

왜 갑자기 매슬로 이야기를 하나 궁금할 수도 있다. 이게 경영하고 무슨 관계가 있는지 궁금한가? 나는 매슬로의 욕구 단계가 경영자의 발전과 직접적인 상관관계가 있다고 보기 때문이다. 경영의 원동력, 기업과 당신을 꼼짝 못 하게 가두는 덫, 당신이 정한 최고 수준의 성공을 향해 나아가며 장애물을 해결하는 방법 등 모든 경영 요소가 매슬로의 욕구 단계에 들어 있다.

당신은 영향력, 유산 같은 상위 목표에 집중하기 전에 매출, 수익, 체계 같은 기본 욕구에 우선적으로 주의를 기울여야 한다. 기본 욕구를 건너뛰어 상위 욕구에 몰두하지 말고 '현재' 욕구 단계부터 완전히 충족해야 한다. 그리고 한 번에 모든 것을 해결하려 하지 않아야 한다. 상관관계가 있지 않은가?

이제 우리는 '**비즈니스 욕구 단계** Business Hierarchy of Needs, BHN'라는 모델을 이용할 것이다. '경영판 매슬로의 욕구 단계'인 BHN 역시 매슬로의 욕구 단계처럼 가장 필수적인 단계부터 시작한다.

BHN의 각 단계엔 상위 단계에 주목하기 전에 충분히 충족돼야 하는 '욕구'가 있다(그림 2 피라미드 오른쪽 내용을 참고하라). 자아실현을 위해 일단 음식과 물부터 필요한 것처럼 경영도 기본 욕구에 먼저 집중해야 한다. 각 단계인 매출, 수익, 체계, 영향력, 유산에 대해 자세히 살펴보자. 단계별로는 다섯 가지 핵심 욕구 Core Needs 가 있다.

1단계 | 매출 Sales

×

가장 기본적 단계로, 기업은 무엇보다 '현금 창출'부터 집중해야 한

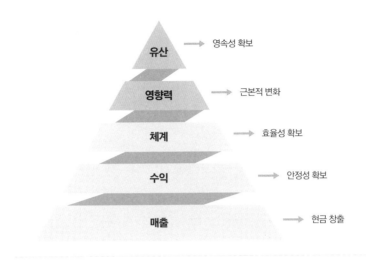

매출을 위한 다섯 가지 핵심 욕구	**체계를 위한 다섯 가지 핵심 욕구**	**유산을 위한 다섯 가지 핵심 욕구**
☐ 라이프스타일 일치	☐ 헛수고 최소화	☐ 커뮤니티 지속성
☐ 잠재 고객 유치	☐ 역할과 역량의 일치	☐ 계획적 리더십 전환
☐ 고객 전환	☐ 결과 위임	☐ 진심 어린 후원자
☐ 약속 이행	☐ 핵심 인력 여유	☐ 분기별 조정
☐ 대금 수금	☐ 우월한 평판	☐ 지속적 적응
수익을 위한 다섯 가지 핵심 욕구	**영향력을 위한 다섯 가지 핵심 욕구**	
☐ 부채 청산	☐ 혁신 지향	
☐ 수익 건전성	☐ 미션을 통한 동기부여	
☐ 거래 횟수	☐ 꿈과 비전의 일치	
☐ 수익성 있는 레버리지	☐ 피드백 신뢰성	
☐ 지불준비금	☐ 보완 네트워크	

그림 2 BHN과 단계별 25가지 핵심 욕구

다. 사람이 산소, 음식, 물 없이는 살 수 없듯이 말이다. 매출을 늘리지 못하면 기업은 경영 자체를 할 수 없다. 〔매출〕의 다섯 가지 핵심 욕구를 해결해야 다음 단계인 〔수익〕을 뒷받침할 수 있다.

라이프스타일 일치 Lifestyle Congruence

당신의 개인적 안정을 위해 기업의 매출 성과가 얼마나 돼야 하는지 아는가?

잠재 고객 유치 Prospect Attraction

기업의 필요 매출이 유지될 만큼 우수한 잠재 고객을 유치하는가?

고객 전환 Client Conversion

기업의 필요 매출이 유지될 만큼 우수한 잠재 고객을 고객으로 전환하는가?

약속 이행 Delivering on Commitments

기업이 고객과의 약속을 온전히 이행하는가?

대금 수금 Collecting on Commitments

고객이 기업과의 약속을 온전히 이행하는가?

2단계 | 수익 Profit

×

[수익]은 매슬로의 욕구 단계 중 건강, 경제적 안정, 안전한 환경에 대한 욕구와 매우 비슷하다. [수익]이 충족된다는 것은 기업이 재정

적으로 무너지지 않고 확장이 가능하다는 의미다.

부채 청산 Debt Eradication

기업이 부채를 늘리지 않고 지속적으로 상환하는가?

수익 건전성 Margin Health

기업이 건전한 이익률을 얻으며 제품과 서비스 개선을 지속적으로 모색하는가?

거래 횟수 Transaction Frequency

고객이 기업의 제품과 서비스를 반복적으로 구매하는가?

수익성 있는 레버리지 Profitable Leverage

부채는 예측 가능한 수익성 증대를 목적으로 사용되는가?

지불준비금 Cash Reserves

3개월 이상의 비용을 충당할 정도의 현금이 있는가?

3단계 | 체계 Order

×

[체계]에서는 '효율성 확보'가 중심이고, 경영이 계획대로 정확히 진행되는지를 확인한다. 조직 효율성에 대한 욕구가 모두 충족되면 팀

에 누가 있든 운영이 되고 성장할 수 있다. 궁극적인 목표는 경영자인 '당신'이 없어도 성장이 가능한 것이다.

헛수고 최소화 Minimized Wasted Effort

업무의 비효율을 줄이기 위해 지속적으로 적용하는 모델이 있는가?

역할과 역량의 일치 Role Alignment

구성원의 역할과 책임이 각자 역량에 부합하는가?

결과 위임 Outcome Delegation

문제 해결 권한이 문제와 가장 밀접한 사람에게 있는가?

핵심 인력 여유 Linchpin Redundancy

핵심 사원이 없어도 업무가 차질 없이 운영되는가?

우월한 평판 Mastery Reputation

기업이 업계 최고로 알려져 있는가?

4단계 | 영향력 Impact

×

[영향력]에서는 '근본적 변화'에 초점을 둔다. 실제로 많은 기업이 이

욕구를 적절히 해결하지 못한다. 이 단계의 존재를 모르거나 단계에서 무엇이 중요한지 제대로 이해하지 못하기 때문이다. 왜 그럴까? 흔히 영향력이라 하면 경영이 세상에 미치는 영향만을 떠올리기 때문이다. 하지만 〔영향력〕은 고객경험 개선과 관련되며 사원, 타사, 커뮤니티와 기업이 어떻게 연계되는지를 다룬다.

혁신 지향 Transformation Orientation

거래를 넘어 혁신으로 고객에게 이익을 주는가?

미션을 통한 동기부여 Mission Motivation

구성원이 각자의 역할보다 기업 미션 수행에서 더 큰 동기를 얻는가?

꿈과 비전의 일치 Dream Alignment

구성원의 꿈과 기업 비전의 빙향이 일치하는가?

피드백 신뢰성 Feedback Integrity

구성원, 고객, 커뮤니티가 비판적·우호적 피드백을 모두 제시하는가?

보완 네트워크 Complementary Network

고객경험 개선을 위해 타사와 협력을 추구하는가?

5단계 | 유산 Legacy

×

당신 없이도 기업 영향력이 지속되려면, 기업이 세대를 넘어 계속 번창하기를 바란다면 〔유산〕이 충족돼야 한다. '기업이 지향하는 장기 비전은 무엇인가?', '당신의 기업은 업계와 고객의 요구, 세상의 변화에 어떻게 적응할 것인가?' 같은 중요한 질문에 대해 숙고해야 한다.

커뮤니티 지속성 Community Continuance

고객이 기업을 열렬히 응원하고 지원하는가?

계획적 리더십 전환 Intentional Leadership Turn

참신함을 유지하기 위한 계획이 있는가?

진심 어린 후원자 Heart-based Promoters

기업 안팎에서 자발적 홍보가 일어나는가?

분기별 조정 Quarterly Dynamics

명확한 비전이 있는가? 그리고 그 비전을 위해 분기마다 적극적으로 조정을 시행하는가?

지속적 적응 Ongoing Adaptation

기업이 지속적으로 변화에 적응하고 개선하도록 설계됐는가?

중요한 게 하나 있다. BHN의 5단계는 기업의 '성장' 단계가 아니다. '욕구' 단계를 나타낼 뿐이다. BHN에서 당신의 기업은 단계를 차례차례 오르는 것이 아니라 단계 사이를 오르내릴 것이다. 건물을 짓고 보수하는 것처럼 단순한 진행이 아니다. 일단은 먼저 아래로 내려와서 기초를 강화해야 더 높은 건물을 지을 수 있다. 예를 들어, 당신이 [매출]을 다룬다 해서 여전히 [매출]에 머무름을 뜻하는 것은 아니다. 그저 기초를 강화하는 것뿐이다.

이쯤 되면 나는 지금 당신이 어떤 생각을 할지 알고 있다. 이 단계는 남들에게나 적용되지 내 사업은 다르다고 말이다. 실제로 당신은 [매출] 대신 다른 욕구를 더 필요로 할지 모른다. 그게 BHN에 포함되지 않은 욕구일 수도 있다. 물론 BHN에 경영의 모든 욕구가 포함되진 않지만 경영 발전을 위해 불필요한 항목은 없다. 만약 다른 욕구가 필요하다면 나중을 위해 따로 잘 적어 두기 바란다.

경영에서의 큰 문제는, 대부분의 경영자가 주어진 목표를 한꺼번에 해결하려는 것이다. 물론 나도 그랬다. 영향력 발휘, 돈 많이 벌기, 일하고 싶을 때 일하기, 기업을 유산으로 만들기, 고객 모으기 등을 한꺼번에 이루려 했다. 모든 욕구를 동시에 얻으려는 것은 역으로 아무것도 중요하지 않다는 의미다. 모든 욕구는 항상 제각기 작동 중이지만, 우리의 에너지는 한 단계에서 한 가지 욕구 해결에 집중할 정도로만 주어진다. 결국 가장 기본적인(밑에 있는) 욕구부터 해결해야 한다.

기업 매출의 흐름이 지속적이고 명확한 목표를 뒷받침할 만한 상태라 가정해 보자. 매슬로 방식으로 풀면 '숨쉬기 문제가 해결된' 상태다. 〔매출〕이 충족됐으니 안전한 환경에서 다음 단계인 〔수익〕을 걱정할 수 있다. 이제 누군가가 기업의 돈이나 전략에 해를 입히려 해도, 숨쉬기(〔매출〕) 걱정은 들지 않는다. 외부 위험에서 벗어나는 데 신경이 쓰일 뿐이다.

인간은 '본능적'으로 숨 쉴 공기를 찾고, 생존에 필요한 물과 음식을 구하며, 위험을 피하도록 설계됐다. 하지만 경영상 문제의 해결은 본능적으로 이루어지지 않는다. 목이 마르거나, 배가 고프거나, 안아 주어야 한다고 알려 주는 생물학적 트리거가 없기 때문이다. 직감을 믿고 기업의 성장을 위해 적절하다고 느껴지는 결정을 내렸는데 문제가 생기는 이유이기도 하다. 마치 앞에서 봤던 길 잃은 엘러처럼 '부적절한 시점'에 '부적절한 것'을 고치는 것이다.

경영자가 가장 사랑하는 직감은 '더 많이 팔기'다. 매출이 비교적 일정한데 수익성이 나쁘면 어떻게 해결해야 할까? 대부분의 경영자는 문제인 〔수익〕을 해결하기보다는 〔매출〕(가장 기본적인 단계)이 〔수익〕을 해결할 것이라 믿으며 더 많이 팔기로 내려간다. 이번에도 매슬로 방식으로 보자. 숨쉬기 걱정이 없음에도 더 숨을 쉬려 하는 셈이다. 말도 안 되는 대응이다.

제품이나 서비스를 매번 제시간에 약속대로 제공하지 못하는 〔체계〕 문제가 있다면 어떻게 해결해야 할까? 실제로 많은 경영자는 직감에 따라 '더 많이 팔면 해결되겠지' 생각한다. 물론 문제는 해결되지 않으며 앞으로도 해결되지 않을 것이다. 물론 직감으로 성공하는 경우도 있다. 냉정히 말하면 '경영자의 직감에도 불구하고' 성공을 이룬 것이다. 구체적이고 반복 가능한 전략이 아니니 로또 당첨에 가까운 상황이다.

숲에서 길을 잃은 엘러처럼 우리에게도 나침반이 필요하다. 직감이 맞는지 점검하고 정확한 방향을 알려 주는 나침반 말이다. 바로 BHN이다.

경영, 느끼지 말고 분석하라

✕

언젠가 나는 윈체스터미스터리하우스^{Winchester Mystery House} 이야기에 매료됐었다. 캘리포니아주 새너제이에 있는 윈체스터미스터리하우스는 빅토리아 양식에 불규칙하게 뻗은 저택으로 160개가 넘는 방이 있다. 이 저택 이야기를 보니 나도 모르게 새너제이행 비행기표를 예약하고 있었다. 그렇게 독특한 구조의 저택을 돌아보는데 경영자의 전형적 여정과 저택에 서로 비슷한 점이 있음을 발견했다.

이 저택을 만든 사라 윈체스터 이야기를 보자. 사라의 남편 윌리엄은 1881년 결핵으로 세상을 떠나면서 요즘 기준으로 약 5억 달러가 넘는 막대한 유산을 아내에게 남겼다. 윌리엄은 권총 제조로 성공한 부호이자 윈체스터리피팅암스^{Winchester Repeating Arms Company}의 상속자였다. 사라는 시아버지와 남편, 딸의 이른 죽음의 원인이 윈체스터 권총으로 죽은 이들의 유령 때문이라 믿었고, 유령을 달래고 그들로부터 숨기 위해 캘리포니아주로 이사해 이층 농가를 매입한 후 38년간 저택 증축에 돈을 쏟아부었다고 한다.

"사라는 계획도 무시하고 인부들의 실수도 그대로 둔 채 내키는 대로 방을 늘렸습니다. 그는 매일 아침 공사 감독자를 만나 자신이 손으로 그린 그날의 작업 계획을 살펴보았죠."

핼러윈 관련 블로그인 '스푸키 리틀 핼러윈Spooky Little Halloween' 운영자 미란다가 한 말이다. 한마디로 그날 가장 눈에 띄는 문제를 즉흥적으로 처리하며 집을 늘린 셈이다. 그렇게 160개의 방이 있는 7층짜리 대저택이 탄생했다. 사라는 한 방이 완성되고 나면 결코 그 방에 다시 발을 들여놓지 않았다. 어떤 방은 창문이 벽을 향해 있고, 굴뚝 없는 벽난로가 있었으며 일부 계단은 막혀 있기도 했다.

사라가 죽고 이 '이상한' 공사도 끝났다. 저택이 매물로 나왔지만 이상하고 복잡하고 혼란스러운 이 저택을 모두가 외면했다. 저택을 고칠 만한 자금과 전문성을 가진 사람도 없었다. 결국 이 저택은 특이하고 극단적인 경험과 장소를 찾는 이를 위한 명소가 됐다. 내가 당신에게 전하려는 내용에 사례가 된 것을 제외하면 기능적으로는 전혀 쓸모가 없는 공간인 셈이다.

자, 이제 떠올려 보라. 당신이 직감으로 내린 선택을, 문제(유령)에 대응하기 위한 선택을, 경쟁자(더 사악한 유령)에게 반격하기 위한 선택을, 그저 전문가의 말을 따랐던 선택 말이다. 그런 선택으로 만들어졌다 버려진, 당신이 외면 중인 수많은 방을 떠올려 보라. 분석 없이 직감에 의존한다면 당신의 기업도 사라의 저택과 같을 뿐이다. 하지만 당신은 이미 풍부한 전문성과 지식이 있다. 단, 본능에 덜컥 끌리는 마음을 내려놓으라는 것이다.

×××

이제 당신은 간단하되 강력한 도전부터 해야 한다. 주변 다른 이에게 당신의 개선 계획을 밝히는 것이다. 이는 경영상 문제를 해결하기 위한 효과적 방법 중 하나다. 내게 메일을 보내도 좋다(mike@mikemichalowicz.com). 당신이 왜 FTN에 전념하는지, 경영에 대한 꿈을 실현하는 것이 어떤 의미인지 알려 주면 좋다. 약속을 기록으로 남기면 실천 가능성은 치솟는다. 당신과 나의 연결 고리가 생기는 것도 멋진 그림이 된다.

앞서 언급했듯이 이 책의 내용을 보충할 자료와 도구도 준비했다. 웹사이트(fixthisnext.com)에 들어와 무료로 자료를 얻고 평가도 해 보라. 당신의 경영에서 바로 해결해야 할 사항이 무엇인지 정확히 짚어 줄 것이다.

내가 FTN에 대해 이야기하면 자주 듣는 말이 있다.

"이전 책에서는 수익이 먼저라 써 놓고, 이번 책에서는 다른 걸 먼저 해결하라고 하시네요? 뭐가 맞는 거죠?"

나는 《수익 먼저 생각하라》에서 '매출-비용=수익'이라는 전통적인 공식에 이의를 제기했다. 전통적으로 보면 수익은 매출과 비용 발생 후 마지막에 나온다. 수익은 바닥에 있는 셈이다. 그런데 마지막에 있으면 그것을 더 미루고 아예 무시까지 하는 게 인간의 본능이다. 그래서 '수익 먼저'에서는 '매출-수익=비용'으로 수익이 비용보다 앞선다. 이게 어떻게 가능할까? 당신이 한 푼이라도 쓰기 전에 수익을 '먼저' 계좌에 넣고 회사로부터 분리시키면 된다. '선저축 후지출'이라 생각하면 쉽다. '수익 먼저'는 수익에만 집중하고 다른 부분을 무시해도 된다는 의미가 아니다.

경영에서 지금 당장 먼저 해결해야 하는 문제가 〔매출〕에 있을 수도 있고, 〔체계〕에 있을 수도 있다. 〔수익〕이나 〔영향력〕, 〔유산〕에 있을 수도 있다. 일단 '수익 먼저'부터 실행하고 수익이 탄탄해지면 그때부터 FTN이 가리키는 다음 항목에 집중하면 된다. 다만 당신이 '수익 먼저'를 아직 실행하지 않았다면 이 책을 다 읽을 때까지 일단 FTN 실행을 보류하라. 이상하게 들릴지도 모르지만 당신에겐 수익보다 먼저 해결해야 하는 또 다른 욕구가 있을 수도 있지 않겠는가?

결론은 이렇다. '수익 먼저'는 수익을 먼저 취하는 것이지 다른 요소보다 수익을 우선시하는 게 아니라고. 오해가 풀렸는가? 그러면 이제 진짜로 시작하겠다.

이것부터 해결하라

이것부터 해결하라

FIX THIS NEXT

MAKE THE VITAL CHANGE THAT WILL LEVEL UP YOUR BUSINESS

찾은 다음
해결하라

진짜
위기 앞에서
당당해지는 법

"맞아요. 그런데 제 사업은 다릅니다."

자신의 기업이 너무나 소중하고 특별한 존재라, 문제가 무엇이든 그렇게 틀에 박힌 솔루션과 전략은 도움이 될 수 없다는 말이다. 그 마음은 이해한다. 옛날에 나도 저렇게 생각했으니까. 지금 이 책을 읽는 당신도 저렇게 생각할 수 있다. 물론 그 생각은 절대 사실이 아니다. "맞아요, 그런데…"로 변명을 시작하는 '중병'에 걸린 경영자가 너무나 많음에 나는 항상 놀란다.

인간끼리 DNA 구조가 99.9퍼센트 같은 것처럼 기업끼리 DNA 구조도 거의 같다. 농장을 운영하든, 약국을 운영하든, 책상 앞에서 투자를 하든, 매각을 하든, 누군가를 가르치든 당신의 사업은 남의 사업과 99.9퍼센트 같다. 나머지 0.1퍼센트는 뭐냐고? 겉모습이다. 밖에서 보면 기업이 서로 다르게 보이는 그것이다. 쓰는 장비도 다르고 인력도 다르다. 누군가는 자택에서 일할 수도, 빌딩 사무실에서 일할 수도, 심지어 사무실이 없을 수도 있다.

켄 멀비Ken Mulvey는 건축 자재를 취급하는 서플라이패트리어트 Supply Patriot를 창업하기 전엔 경호원으로 일했다. 언젠가 그는 한 출판사의 핵심 임원을 경호했던 이야기를 해 주었다.

멀비는 출판사 임원 회의까지 들어가야 했다. 언제 누가 회의실에 난입해 신경질적인 임원들에게 해코지를 할지 알 수 없었기 때문이다. 하지만 실제로는 딱히 경계할 만한 요소가 없어 그는 자연스레 회의 내용에 유심히 귀를 기울이기 시작했다.

"그 자리엔 다른 유명 CEO도 몇 있었어요. 그런데 내 친구들이 작은 기업을 운영하면서 겪는 문제를 그들도 똑같이 겪더라고요. 숫자 뒤에 0이 대여섯 개 더 붙은 것만 빼면 말이에요. 그들도 현금흐름, 고용, 수익성에 대한 문제를 토로했고 뭘 어떻게 해야 할지에 대해서도 혼란스러워했어요."

멀비의 이야기를 듣다 보니 연 매출 2,200만 달러의 기업을 운영하는 한 친구와 나눴던 대화가 떠올랐다. 그 친구와 나는 매사추세츠주에서 열린 '타이탄의 모임the Gathering of Titans'에 100여 명의 경영자와 같이 있었다. 우린 20년 지기에다 경영자로 함께 성장했고, 나는 그의 기업이 발전하는 모습을 옆에서 지켜봤다. 그 기업은 미국 정부 기준 중소기업^{small business} (연 매출 2,500만 달러 이하의 기업)에 속하지만 해당 분야에선 톱 기업이다. 이름을 들으면 알 만한 기업이고 친구 이름 역시 들으면 알 사람이 많을 정도다. 여하튼 휴식 시간에 나는 그에게 가볍게 질문을 던졌다.

"요즘 어때?"

가볍게 들려도 절친 사이에서는 깊은 대화와 속내를 끌어낼 수 있는 마법의 질문이다.

"좋지."

그는 옅게 웃으며 말했다. 나는 그 웃음의 뜻을 안다. 수많은 경영자에게서 본 웃음이고 심지어 내 얼굴에서도 발견했던 웃음이다. 나는 다시 물었다.

"저런! 무슨 일 있어?"

그는 그제야 한숨을 내쉬고, 경계하듯 주변을 살피고는 나지막하게 답했다.

"총알이 4주 치뿐이야. 매출 전망도 불투명하고, 살아남기에도 버거워."

여유 자금이 얼마 없거나, 매출 전망이 불투명한 건 중소기업에선 드문 일이 아니다. 그런데 연 매출이 나름 2,200만 달러고 업계 톱 기업인데 이런 일이 일어나다니! 출판사 이야기와 우연처럼 겹쳐 보이는가? 아니다. 그날 모임엔 분명 성공한 경영자도 있었겠지만 그 가운데 10~20퍼센트는 골치 아픈 상황에 있었을 것이다. 기업 규모가 크든 작든 문제는 결국 똑같다. 매출도, 사원 수도, 기업을 얼마나 오래 유지했는지도(아마 낡고 지루한 기업일 것이다) 문제를 크게 달리 만들진 않는다.

물론 사람마다 고유한 특성은 분명 존재한다. 기업도 마찬가지다. 사람이든 기업이든 고유한 특성은 중요하다. 원하는 고객을 끌어모으려면 차별화 요소가 필요하기 때문이다. 특히 마케팅과 브랜딩에서는 차별화를 매우 중요시한다. 다만 우리는 마케팅이나 브랜딩이 아닌, 경영 생태를 이야기하는 중임을 명심하자.

인간마다 고유한 특성이 있더라도 성장과 건강의 조건은 거의 같다. 기업 역시 마찬가지다. 동네 피자 가게든 항공사든 기업을 유지하고 성장시키는 법, 이를 위해 충족해야 할 핵심 욕구는 같다.

당신의 '필수욕구'를 찾아라

✕

이제 우리는 약간 색다른 줄다리기를 할 것이다. 먼저 밧줄 대신 쇠사슬을 쓴다. 상대방을 끌어오는 게 아니라 쇠사슬의 어느 고리가 끊어지는지 알아내는 게 목적이다. 이제 서로 쇠사슬 양 끝을 잡은 다음 잡아당겨 보자. 결과는 어떨까? 물론 가장 약한 고리가 끊어질 것이다. 다른 방식과 방향으로 잡아당긴다 해도 먼저 끊어지는 고리를 바꿀 순 없다. 그럼 사슬 전체를 튼튼히 만들고 싶다면 어떻게 해야 할까? 그 끊어진 고리를 보강해 붙이면 된다.

비즈니스에도 사슬이 있다. 제품 제조 사항이나 잠재 고객을 고객으로 전환하는 과정 등이 고리를 이룬다. 고군분투하는 스타트업부터 일찌감치 업계를 장악한 대기업까지 발전의 모든 단계 역시 사건의 고리를 이룬다. 기업의 핵심 욕구 중에도 가장 약한(가장 먼저 끊어질) 고리가 존재한다. 다른 욕구가 먼저 끊어지도록 할 순 없다. 가장 먼저 끊어질 욕구를 찾아 보강하거나, 끊어진 욕구를 보강해 붙인 다음 필수욕구Vital Need에 신경 쓰는 게 경영에서 할 일이다.

엘리야후 골드랫Eliyahu Goldratt은《더 골The Goal》을 통해 '제약 이론 Theory of Constraints'을 창시했다. 제약 이론에 따르면, 비즈니스의 속도는 가장 취약한 부분의 속도로 결정된다. 생산성을 높이고 싶다면 가장 취약한 부분을 찾아 제약 요인을 해결해야 한다는 것이다. 자연히 비즈니스는 그다음 취약한 부분의 속도로 운영될 것이다.

1장에서 말했듯이, 기업 성장을 위한 일반적 방식은 '모든 것을 동시에 확대하기'다. 매출을 더 늘리고, 주인 의식에 불타는 사원을 뽑고, 더 나은 마케팅과 제품을 통해 세상을 변화시켜 모두에게서 더 호의적인 태도를 얻어 내야 한다는 말이다. 말은 참 쉽다! 이 모든 것이 경영에 필요하지만 이를 동시에 얻으려다간 당신은 십중팔구 에너지, 시간, 초점을 잃고 어느 하나도 만족스럽게 채우지 못할 것이다.

기억하라. 가장 중요한 필수욕구부터 찾아서 모든 자원을 동원해 해결해야 함을. BHN을 체크 리스트로 활용하면 어떤 핵심 욕구가 당신의 필수욕구인지를 파악할 수 있다. 이 작업은 확인→지목→

실행→반복의 순서로 이뤄진다.

확인 ▶ BHN 25가지 핵심 욕구 중, 당신의 기업이 그 위의 단계를
충분히 뒷받침하기 위해 충족된 핵심 욕구를 표시한다. 충분
히 뒷받침하지 않거나 확신이 들지 않는 욕구에는 표시하지
않는다.

지목 ▶ 표시하지 않은 핵심 욕구가 있는 단계 중 가장 낮은 단계를
확인한다. 예를 들어 표시하지 않은 욕구가 [수익, 영향력,
유산]에 있다면 가장 낮은 단계인 [수익]을 확인하면 된다.
[수익]에서 표시하지 않은 욕구 중 지금 가장 중요한 욕구가
바로 당신의 필수욕구다.

실행 ▶ 경영의 필수욕구에 대해 측정 가능한 솔루션을 만들어 해결
될 때까지 실행한다.

반복 ▶ 해당 욕구가 해결되면 그다음 필수욕구를 찾는다(찾는 방법은
똑같다). 이를 반복해 과제를 해결하고, 기회를 극대화하고,
지속적으로 기업을 발전시킬 수 있다.

이 작업은 당신의 경영에서 가장 큰 문제(해결되면 기업을 앞으로 나
아가게 할 가장 큰 원동력으로 바뀔 문제)를 찾아내기 위함이다. 물론 이를
위해 경영의 나머지 부분을 무시하면 안 된다. 다른 부분도 항상 신경
써서 운영해야 한다. 비유하면, 지금 당신은 고객 앞에서 여러 개의
접시를 계속 돌리는 상태다. 가장 큰 문제를 해결한답시고 고객에게

이렇게 말할 수는 없지 않은가?

"죄송한데요. 급한 일이 생겨서 당분간 여러분께 신경을 쓰지 못할 예정입니다. 곧 다시 돌아올게요. 물론 요금은 계속 내셔야 하는 거 아시죠?"

대개 이런 문제는 매우 골치 아프다. 하나를 고치기 위해 다른 하나를 희생해야 할지도 모른다. 예를 들어 필수욕구를 위해 수금 문제를 해결해야 한다면? 항상 대금 지불을 미루는 고객이나 거래처와의 거래를 끊는 게 아마도 유일한 솔루션일 것이다. 여기서 오는 단기적인 매출 '구멍'이 결정을 가로막을지도 모른다. 그 '구멍을 메우기' 위해 덜 매력적인 거래에 유혹을 느끼거나 적합하지 않은 일에 관심이 갈지도 모른다. 생존의 덫에 다시 가까이 가는 셈이다. 당신이 덫에 빠지지 않는 유일한 방법은 해결에 주저하지 말고, 덫에 가까이 가지 않는 것이다. 회사를 절망 위에 세우지 않으려면 당신은 해야 할 일, 주어진 일을 피하지 말아야 한다.

BHN는 두 가지 측면에서 매력적인 도구다. 먼저 '일석이조'다. 하위 단계에서 필수욕구를 찾아 해결하니 상위 단계의 욕구도 자연히 해결된다. 다음으로는 이미 경영상 투입한 노력의 방향만 바꾸는 셈이니 생각보다 적은 노력이 든다는 것이다. 예리하게 혹은 허심탄회하게 느끼지 못했을 뿐, 이미 알고 있었거나 다뤘을지도 모를 필수욕구 하나만 끝내면 된다.

이 방법을 시도하고 반복하면 당신은 경영의 정체기를 돌파하고, 차질을 빠르게 해결하고, 지속 가능한 방식으로 기업을 성장시킬 것이다. 세운 목표가 무엇이든 달성하기 훨씬 더 쉬워질 것이며 지속 가능성도 훨씬 더 높아질 것이다. 사업 기반은 더욱 공고해지고 그 결과 사업 비전이 실현될 것이다.

가장 중요한 '한 가지' 문제에서 시작하라

✕

테르시 블리셋^{Tersh Blissett}은 아내 줄리와 함께 조지아주 서배너에서 아이스바운드^{IceBound}라는 공조 및 냉장 장비 관련 기업을 운영한다. 나는 테르시를 처음 만났을 때 '나와 같은 과'임을 바로 알아보았다. 어떻게 알았냐고? 그가 조끼를 입었기 때문이다. 실제로 나는 기조연설을 할 때마다 조끼를 입는다. 그게 내 스타일이다. 팀원들이 조끼로 나를 놀리곤 할 정도다. 더할 나위 없이 훌륭한 동료인 켈시 아이레스^{Kelsey Ayres}는 데님 조끼를 입은 내 사진 옆에 "Live Your VEST Life"가 새겨진 티셔츠를 입고 출근한다. 귀여운 도발이자 애정 어린 장난으로 생각한다.

테르시는 FTN에 대한 내 첫 프레젠테이션에 참석했었다(나는 사무실에서 종종 무료 콘퍼런스를 열고 내가 고안한 최신 개념을 공유하고 테스트한다. 참여하고 싶다면 MikeMichalowicz.com에 접속해 우측 상단 'GET THE FREE TOOLS'를 클릭해 가입하면 된다). 앞쪽에 앉은 그는 빳빳하게 다림질한 셔츠를 입고 좁은 넥타이, 멋진 조끼를 곁들였다. 이를 보고 나는 그가 금융업 종사자 혹은 아주 멋지고 대단한 경제경영 분야 작가일 것이라 생각했다. 그 직업 외에는 조끼를 그렇게 잘 소화할 만한 사람이 흔치 않으니까. 하지만 그가 공조 분야 전문가임을 아는 데는 오랜 시간이 걸리지 않았다. 그는 말도 안 되게 '멋진' 사람이었다.

테르시와 이야기를 나누면서 우리에겐 패션 감각 외에도 많은 공통점이 있음을 알았다. 마치 영혼의 단짝을 만난 것 같았다. 그는 친절하고 주도적이며 똑똑했다. 경영자로서 사업을 건실하게 키우기 위해 할 수 있는 모든 방법을 하나부터 열까지 실천하는 사람이었다.

콘퍼런스가 끝난 뒤 FTN이 어떤 면에서 유용하고 유용하지 않은지 내게 피드백을 준 첫 번째 사람이 테르시였다. FTN을 개선하고 간소화하면서, 나는 그와 계속 연락을 주고받으며 피드백을 얻었다. 이 책에 실린 FTN 시스템을 완성한 뒤엔 그에게 제일 먼저 연락했다. 세부 내용을 전달한 다음 그의 사업을 진단해 달라고 요청했다. 그는 이렇게 말했다.

"아내와 함께 FTN을 적용하는 데 15분쯤 걸렸고, 한 번도 보지 못한 명확한 결과를 얻었어요. 15분으로 시야가 확 트였다고요. 재미있는 사실은 필수욕구의 해결 방안을 논의하는 데 10분을 썼다는 거예요. 무엇을 해야 할지 알아내는 데는 단 5분밖에 걸리지 않았다는 거죠."

과거의 테르시는 경영을 위해 '모든 것'을 하려고 했다. 아이스바운드는 2018년에 연 매출 75만 달러를 달성했고, 2019년에는 100만 달러에 근접했다. '수익 먼저'를 바탕으로 기업의 현금 수익률은 12퍼센트에 이르렀다(그렇게 그는 안정적으로 급여를 챙기고 사업을 통해 개인 세금을 모두 납부할 수 있었다). 아이스바운드는 그의 적극적 개입 없이 운영됐다. 이쯤 되자 그는 〔영향력〕에 집중해야 한다는 직감이 들었다고 한다. 그래서 더욱 자선 활동을 늘리는 구조를 만들었다. 시간과 돈을 기부해 지역사회에 봉사하면 사업이 더욱 번창할 것이라 믿었다. 그가 처음으로 'FTN 분석^{FTN Analysis}'을 한 게 바로 이 무렵이었다.

앞의 설명대로, 테르시는 〔매출〕부터 〔유산〕까지 단계별 체크 리스트를 검토하면서 각 단계에서 충분히 해결된 핵심 욕구를 표시하고 나머지는 그대로 두었다. 해결되지 않은 욕구로는 〔매출〕의 '잠재 고객 유치'와 '대금 수금', 〔수익〕의 '수익 건전성', '수익성 있는 레버리지', '지불준비금'이며 〔체계, 영향력, 유산〕에서도 표시되지 않은 항목들이 있었다(그림 3을 참고하라).

테르시와 줄리는 가장 기본 단계(〔매출〕)에서 표시되지 않은 핵심 욕구^{Unchecked Core Need} 중 '잠재 고객 유치'와 '대금 수금'을 검토했다. 실제로 아이스바운드는 5만 달러가량의 미수금 지불을 기다리는 상태였는데, 연 매출 100만 달러 규모 기업 입장에선 상당히 큰 금액이었다. 연 매출의 5퍼센트가량이 대금 지불을 기다리는 가운데, 테르시는 수금이 늦어지는 기업이 큰 거래처에 해당한다는 사실을 알았다. 따라서 문제를 해결한다 해도 향후 거래에 적합하지 않았다. 실제로 대부분의 대기업 거래처는 아이스바운드의 COD^{Collect On Delivery} (구매자가 제품을 인도받고 바로 결제하는 방식_옮긴이) 정책을 무시하고 90일 주기로 대금을 지불했다. 그런데 90일이 지나고도 송장에 문제를 지적하거

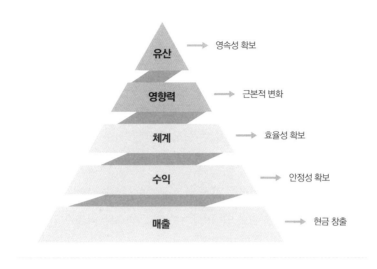

유산	→ 영속성 확보
영향력	→ 근본적 변화
체계	→ 효율성 확보
수익	→ 안정성 확보
매출	→ 현금 창출

매출을 위한 다섯 가지 핵심 욕구
- 라이프스타일 일치
- ☐ 잠재 고객 유치
- 고객 전환
- 약속 이행
- ☐ 대금 수금

체계를 위한 다섯 가지 핵심 욕구
- 헛수고 최소화
- ☐ 역할과 역량의 일치
- 결과 위임
- ☐ 핵심 인력 여유
- ☐ 우월한 평판

유산을 위한 다섯 가지 핵심 욕구
- 커뮤니티 지속성
- ☐ 계획적 리더십 전환
- ☐ 진심 어린 후원자
- 분기별 조정
- ☐ 지속적 적응

수익을 위한 다섯 가지 핵심 욕구
- 부채 청산
- ☐ 수익 건전성
- 거래 횟수
- ☐ 수익성 있는 레버리지
- ☐ 지불준비금

영향력을 위한 다섯 가지 핵심 욕구
- 혁신 지향
- ☐ 미션을 통한 동기부여
- 꿈과 비전의 일치
- ☐ 피드백 신뢰성
- ☐ 보완 네트워크

그림 3 충족된 핵심 욕구가 표시된 BHN

나 90일 더 연장할 수밖에 없다며 억지를 부리는 경우까지 있었다. 이러한 거래처들은 자연스레 현금흐름을 망가뜨린다. 거래를 트는 과정에 문제가 있었다는 것도 발견했다. 하지만 다른 기업으로부터 수많은 거래 문의를 받기 때문에 이는 양적 측면이 아닌 질적 측면으로 해결

가능한 문제였다. 좋은 거래처를 선택할 여지가 충분하기 때문이다.

결국 아이스바운드의 필수욕구는 '잠재 고객 유치'였다. 그들이 필수욕구를 찾는 데는 불과 5분밖에 걸리지 않았다. 테르시는 자신이 무의식적으로 잘못된 단계에서 노력했음을 깨달았다. [영향력]에 초점을 둘 게 아니라 [매출]에 신경 써야 했었다. 그의 비즈니스 본능이 내면의 안내처럼 멧돼지가 다니는 길로 기업을 안내했던 것이다. 테르시는 곧바로 기업 차원의 자선 활동을 중단하기로 결정했다. 이 결정이 냉정하게 보일 수도 있다. 하지만 정말 제대로 베풀기 위해서는 탄탄하고 건실한 토대 갖추기가 먼저였다. 그는 지속 가능한 방식으로 베풀기 위해 먼저 기업 경영을 강화해야 했다.

테르시와 줄리는 '잠재 고객 유치'를 개선할 솔루션을 찾는 데 집중했다. 이상적인 고객을 끌어모으기 위해 차량 광고, 입간판, 검색엔진 최적화^{SEO}, 뉴스레터 발송 등 다양한 아이디어를 고려했다. 그러면서 그들은 다른 사실도 깨달았다. 이상적인 고객 대상으로 마케팅을 하기 위해서는 이상적인 고객의 존재부터 정의해야 한다는 점이었다. 이상적인 고객을 정확히 겨냥할 수 있다면 어떤 마케팅이든 100배는 더 효과를 발휘한다. 그렇게 '고객 페르소나 정의'를 시작했다. 처음에는 페르소나의 요건을 구성하기 어려웠다. 아이스바운드 고객의 인구통계가 폭넓게 분포했기 때문이다. 남녀 비율은 거의 비슷했고, 젊은 전문직 종사자와 은퇴한 경영자까지 두루 포함됐다.

테르시와 줄리는 고객 페르소나를 정하기 위해 기업이 가진 기술부터 다시 점검했다. 실제로 이불을 덮고 있다가 땀이 나서 이불을 차고 있으면 나중에 추위로 덜덜 떠는 경우가 많다. 이는 온도뿐만 아니라 습도의 문제이기도 했다. 그런데 아이스바운드의 기술이란 온습도, 이슬점을 적절한 크기의 장비로 제어해 쾌적한 환경을 제공하는 것이었다. 그들에게 이상적인 고객은 '전반적인 편안함과 쾌적함에 높은 가치를 둔다'는 공통점도 발견했다. 인구통계를 더하니 '40대 후반에서 60대 초반의 전문직 종사자로 자녀는 독립했으며, 밤에 쾌적한 온습도 유지를 원하며 제품 품질에 예민한 이들'로 정리됐다. 제품을 팔아야 할 고객이 결정되자, 그들에게 맞게 판매 문구를 바꾸고 제품 및 서비스도 더욱 구체화할 수 있었다. 그 결과 한 달 만에 매출과 수익성이 크게 늘었다. 당신도 이렇게 할 수 있다. 이들처럼 15분도 채 안 걸릴 것이다.

여기서 한 가지를 명심하라. 당신의 기업이 가진 문제 가운데 정말 중요한 문제는 '언제나 단 한 가지'라는 점이다. 당연히 직감에 의존하면 가장 중요한 문제를 가려낼 수 없다. 인간은 편견과 감정으로 가득한 존재임을 잊지 말자. 가장 중요한 '단 한 가지'의 문제를 찾는 데 BHN은 나침반이 될 것이다.

숫자는 거짓말을 하지 않는다

✕

FTN 분석을 하면서 대부분의 경영자는 궁금해한다. 문제가 해결됐는지, 해결됐다면 제대로 해결했는지 여부를. 물론 가능하다. 단, 본능적으로는 알 수 없고 측정만으로 가능하다.

대학생 시절, 나는 중요한 행사 중 하나인 '프래터니티 파티fraternity party'(미국 대학에서 남학생 클럽이 여는 파티_옮긴이) 준비를 통해 '문제 해결 여부는 측정만으로 확인 가능하다'는 교훈을 깨달았다. 클럽 멤버가 된 후 내게 다음 파티를 성공시킬 임무가 '떨어졌다'. 올해의 '잘난 척 상Wise Ass of the Year Award'을 수상했던 대가였다.

버지니아공대(버지니아폴리테크닉주립대)의 파티는 수요일에 시작된다. 수요일 파티는 목요일과 금요일 파티의 전초전이고, 목요일과 금요일 파티는 주말 파티(토요일 밤샘 파티, 일요일 거리 파티)를 앞두고 사람을 한껏 들뜨게 한다. 주말 파티는 월요일 주점 파티와 화요일 하우스 파티로 이어지고, 화요일 파티는 수요일에 시작될 새로운 파티 주간을 위한 준비운동 역할을 한다. 써 놓고 보니 대학을 졸업한 게 기적에 가까워 보인다.

그중 내 임무는 수요일 파티였다. 그간 나는 파티 자체, 심지어 프래터니티 파티마저 목표와 계획이 필요하다는 것을 전혀 몰랐다. 그 사실을 알았다 해도 무엇부터 준비할지, 내 노력의 효과를 어떻게 확인할지 역시 몰랐을 것이다. 이런 머리에서 나온 파티 목표는 단순했다. 바로 '성대한 파티 열기'. 성공했는지 확인하는 방법은 사람들에게 소감 듣는 것 외에는 떠오르지 않았다. '구체성과 간결함'에서 이미 실격이었다.

어쨌든 나는 회비를 가지고 철물점에 가서 커다란 쓰레기통, 빗자루, 수영장용 뜰채를 하나씩 샀다. 슈퍼마켓에서는 포도주스 가루 5킬로그램을 사고, 주류 판매점에서는 식용 알코올을 샀다. 콜라 한 캔도 샀다. 마치 〈브레이킹 배드Breaking Bad〉의 한 장면 같았다. 폐암으로 시한부 판정을 받은 고등학교 화학 교사가 자신이 죽은 후 남을 가족을 위해 마약을 제조한다는 내용의 그 드라마 말이다.

그렇게 돌아와 '제조'를 시작했다. 정원에서 지하실로 호스를 끌어와 쓰레기통에 물을 채우고 포도주스 가루와 식용 알코올을 섞었다. 당신이 똑똑하다면, 그리고 파티보다 생산적인 일로 대학 생활을 했다면 여기서 궁금증이 들 것이다. 빗자루와 뜰채는 왜 필요했냐고. 빗자루로는 쓰레기통 속 내용물을 섞었고, 뜰채로는 이물질을 걸러냈다. 수요일 파티의 계획과 준비는 이게 끝이었다.

나는 '성대한 파티'라는 목표에 대해 아무런 계획도 없었고, 직감이 시키는 대로 그저 포도맛 술을 만들었을 뿐이었다. 음악이나 음식은 안중에 없었고, 술 말고 다른 음료는 콜라 한 캔이 전부였다. 가장 황당한 실수는 아무에게도 초대장을 보내지 않았다는 것이다. 파티 당일 오후에 대충 이런 식으로 공지했던 것 같다.

"친구들, 오늘 밤 성대한 파티가 있어!"

기적적으로 몇몇이 나타났고, 일부는 술만 진탕 마셨을 뿐 파티는 최악이었다. 그렇게 나의 수요일 파티는 버지니아공대 역사상 두 번째 최악의 파티로 기록됐다. 가장 최악의 파티는 그다음 주에 그렉 에클러Greg Eckler라는 녀석이 주최한 파티였다. 그 후로 에클러의 별명은 '똥덩어리'가 됐다. 계획과 결과를 측정하는 방법에 대해 지금 아는 것을 그때도 알았다면 참 좋았을 것이다.

이제 대학생을 벗어나 경영자와 작가 '단계'에 있는 만큼 크게 깨달은 두 가지가 있다. 첫째, 나는 바보였다. 둘째, 나는 완전히 바보였다. 이 외에도 몇 가지 더 깨달았다. 바로 결과에서는 명확성과 구체성이 핵심이라는 점이었다. '성대한 파티 열기' 대신 '멤버들 중 80퍼센트가 올해 최고의 파티였다고 말하는 파티 열기'처럼 좀 더 구체적이고 측정 가능한 결과를 계획으로 삼았다면 좋았을 것이다(당연히 100퍼센트는 비현실적인 결과였을 것이다. '똥덩어리'가 어떻게든 나를 깎아내릴 방법을 찾아냈을 테니까). '성대한 파티'를 열고 싶다면 멤버들에게 이렇게 물어볼 수도 있었을 것이다.

"너네들 가 봤던 '완전 성대한' 파티 말이야. 뭐가 그렇게 '완전 성대' 했어?"

그때 나는 빨리 취할 수 있는 독한 술을 멤버들이 좋아할 것이라 생각했지만, 실제로 맥주, 탄산음료, 물 등을 원했을 수도 있다. 더해서 멋진 음악과 음식을 기대했을지도 모른다. 그리고 무엇보다도 파티에 대해 미리 알리고 초대하는 것이 가장 중요했을 테다. 원하는 결과를 정하고 한두 가지 기준이라도 측정에 썼다면, 파티가 어떻게 준비되는지나 성대할 정도로 참석률이 높았는지도 알았을 것이다. 물론 그때 나는 어떤 것도 하지 못했다. 그렇게 '똥덩어리'와 함께 전설이 됐다.

파티가 됐든, 경영이 됐든 계획의 결과를 측정하기 위해 필요한 네 가지를 말하려 한다. 첫째, 어떤 결과를 원하는지부터 알아야 한다. 그렇게 정해진 결과를 달성하기 위해서는 가장 쉽고 효과적인 솔루션을 추진한다. 둘째, 결과 달성 여부를 어떻게 알 수 있는지 정해야 한다. 결과 달성 여부에 더해 결과 대비 진척도도 나와야 한다. 셋째, 진척도 모니터링을 위한 평가 횟수를 정해야 한다. 평가가 너무 잦으면 유의미한 데이터가 나오지 않으며, 너무 드물면 개선 기회를 놓치기 쉽다. 넷째, 진척도 결과에 따라 접근법을 바꾸거나 유지해야 한다.

안타깝게도, 시작은 성대하되 창대한 실패를 맛보는 경영자가 아직도 많다. 그들은 대학생 시절의 나처럼 포도맛 술이 가득 찬 쓰레기통 말고는 노력에 대해 보여 줄 것이 별로 없다. 하지만 우리 역시도 무엇을 먼저 해야 할지 모를 뿐 아니라 전략의 구체적 목표도, 그것을 달성했는지 확인할 측정치도 없다는 게 문제다. BHN이 필요한 이유다.

다시 아이스바운드 이야기로 돌아와서, 테르시와 줄리는 가장 먼저 해결해야 할 필수욕구가 '잠재 고객 유치'임을 알아냈다. 그다음 제품과 서비스에 기꺼이 높은 가격을 지불할 고객 특성을 검토해 이상적인 고객 페르소나를 정립했다. 이제 이들은 측정 가능한 계획을 세운다. 테르시는 내게 이렇게 말했다.

"일주일에 '임원급' 잠재 고객을 세 명 확보할 수 있다면 최적의 고객으로 상당한 성장을 이룰 수 있는 여건이 마련될 겁니다."

테르시는 기존의 가가호호 방문 마케팅 대신 '임원급'이라는 새로운 영역을 포착했다. 기업 성장을 위해 매주 잠재 고객이 몇 명이나 필요한지를 알았기 때문에 측정 기준을 만드는 것도 쉬웠다. 매주 적합한 잠재 고객 숫자를 확보했는지 확인만 하면 된다. '임원급' 고객을 세 명 확보하면 최상의 결과다. 세 명을 확보하지 못하면 전략을 수정해야 한다.

테르시는 소셜 미디어를 통해 '임원급'을 겨냥했고, 그렇게 '청소년 자녀가 있으면서 전문직에 종사하는 주택 보유자'가 반응했다. 투트랙으로 인플루언서인 부동산 중개인도 공략했다. 집을 구입할 때 공조 시스템은 중요한 선택 요소이기 때문이다. 테르시는 부동산 중개인이 인구통계 관련 정보에 밝다는 점에 착안해 그들로부터 잠재 고객을 소개받기로 했다. 그 대가로는 소개비나 아마추어 야구단 경기 입장권처럼 구하기 힘든 티켓을 제공했다. 그는 페르소나에 해당되는 고객이나 중요한 기회에만 집중했다. 가성비를 최고로 여겨 이곳저곳 비교하고 기웃대는 소비자는 미련 없이 경쟁사로 돌려보냈다. 이에 대해 테르시는 이렇게 말했다.

"우리 페르소나는 가격보다 서비스를 따집니다. 저렴한 가격을 원하는 고객은 우리 페르소나가 아니기 때문에 바로 거절합니다."

결과는 놀라웠다. 자잘한 사후 지원이 많아져 평균 작업 단가가 낮아지는 여름철에 아이스바운드는 창사 처음으로 여름철 평균 작업 단가가 7,300달러에서 1만 2,500달러로 높아졌다. 이는 업계에서 전례 없는 일이자, 그것도 4주 만에 거둔 성과였다. 필수욕구를 정확히 찾아내는 데 '15분'이 걸렸고 해결 방안을 세운 뒤 '4주 만'에 문제를 해결하고 업계 기록까지 깬 것이다. 이제 당신도 해결해야 하는 모든 필수욕구를 위해 이 프로세스를 적용하면 된다. 숫자는 거짓말을 하지 않기 때문이다.

OKR 말고 OMEN

×

존 도어 John Doerr 의 《OKR 전설적인 벤처투자자가 구글에 전해준 성공 방식 Measure What Matters》을 읽으며 나는 측정의 단순성과 영향에 대해 떠올렸다. 그는 자신의 측정 도구를 OKR Objectives and Key Results (목표와 핵심 성과)이라 부르는데, 목표를 세우고 이를 향해 나아가는 과정을 어떻게 측정할지 정하는 것이다. 도어는 구글과 인텔 같은 대기업이 OKR 을 어떻게 활용하는지 설명했다. 그중 내게 인상 깊었던 인텔 사례를 잠시 이야기하려 한다.

1970년대 후반, 모토로라(휴대폰 만드는 그 회사 맞다)가 CPU 시장에서 입지를 강화하기 시작하자 인텔은 위협감을 느꼈다. 당시 인텔 회장 앤디 그로브 Andy Grove 는 일명 '진압 작전 Operation Crush'이라는 매우 단순한 이름의 계획으로 모토로라에 대응했다. 계획 진행 과정을 추적하기 위한 기준도 간단했다. 바로 자사 CPU인 8086 판매량이었다. 목표는 모토로라 꺾기, 핵심 성과는 8086 판매량 높이기였다.

작전의 모든 것은 단순했지만 도출된 전략은 매우 흥미로웠다. 영업직 대상으로 재교육을 하면서, 8086 판매가 급여 상승과 직결되진 않지만 소비자를 붙잡아 두는 역할임을 이해시켰다. 판매를 높이기 위한 마케팅 전략이 개발됐고, 모토로라 대비 인텔의 상대적 장점을 고객에게 보여 주는 새로운 교육 및 마케팅 자료도 완성했다. 계획을 정리하고 핵심 성과를 추적한 결과 인텔은 다시 CPU 시장을 장악했다.

측정 기준은 점수판과 같다. 게임이나 경기에서 승패를 측정하는 것과 같다. 점수 체계를 마련하면 게임 체계가 보인다. 점수가 없다면 승패 여부는 물론 전략과 실행이 효과적인지를 전혀 알 수 없다. 더 높은 곳에 올라설 때 필요한 발판이 바로 측정 기준과 추적이다. 당신이 더 높은 목표와 결과에 접근할 수 있도록, 기업을 제대로 세우는 데 적절한 위치에 닿도록 한다.

당신이 BHN을 통해 필수욕구를 파악했다면, 이제 그 욕구를 해결하기 위한 발판(측정 지표와 추적)을 준비해야 한다. 여기서 나는 OKR보다 좀 더 포괄적인 방법을 제안한다. 나는 이것을 '오멘OMEN'이라고 부른다. 특정 목표가 달성되면 지속적인 검토와 집중이라는 발판을 치우되, 일관된 결과를 보장하며 새로운 문제 발생의 조짐을 파악할 수 있도록 한두 가지 핵심 지표만 남겨 둔다. 그리고 그다음 필수욕구로 넘어가 '오멘'에 따라 새로운 발판을 세우면 된다. 목표와 측정 지표에 대한 진행 점검에다 적절한 개선까지 가능한 도구라 자신한다.

▶ Objective(목표)

"당신이 달성하고자 하는 결과는 무엇인가?"

필수욕구에서 달성하고 싶은 결과와 현재 위치(기준선)는 어디인지를 확인해, 목표 달성에 필요한 요건과 목표까지 닿을 방안을 찾아낸다.

▶ Measurement(측정)

"결과를 향한 과정을 측정하는 가장 간단한 방법이 무엇인가?"

특정 기간 달성한 결과에 대한 측정 지표를 포함한다. 측정 지표의 수는 진행 과정을 적절히 파악할 정도 내에서 적을수록 좋다.

▶ Evaluation(평가)

"측정 지표를 몇 번 분석할 것인가?"

측정 지표의 점검 주기를 결정하고 계획한 결과에 이르기 위한 중간 목표를 설정한다.

▶ Nurture(육성)

"필요할 경우 목표 및 측정법을 어떻게 바꿀 것인가?"

실행 도중, 목표가 적절하지 않거나 진행 과정 측정이 효과적이지 못할 때도 있다. 목표와 측정법은 쉽게 확인하고 이해할 수 있도록 만들고, 다음 목표를 향해 나아가는 과정을 개선하기 위해 목표, 측정법, 평가 횟수 등의 설정은 나중에 바꿀 수 있도록 배려해야 한다.

×××

BHN의 원칙을 따르는 내게도 경영상 문제가 전혀 없는 것은 아니다. 지금도 끊임없이 도전에 직면하고 문제를 겪는다. 하지만 이젠 무엇을 먼저 해야 할진 정확히 알고 있다. 가장 큰 영향을 미칠 문제와 솔루션을 찾아내고 피상적으로 나타나는 수많은 문제에 휘둘리지 않는다. 이렇게 직면한 문제를 해결하고 나면, 끊임없이 튀어나오는 시급한 문제에 아랑곳하지 않고 BHN으로 돌아가 다음엔 무엇을 해야 할지 정확히 파악한다. 경영에서 새로운 성장 단계를 여는 유일한 방법은 단 하나다. 잘못된 문제에 매달려 귀중한 시간과 자원을 낭비하는 일을 멈추는 것이다.

3장부터는 BHN의 각 단계를 살펴보면서, 당신이 진짜 필수욕구에 초점을 맞출 수 있도록 알려 줄 것이다. 이제 경영상 '실제' 일어나는 일에만 집중하라. 그리고 가장 큰 문제를 찾아 솔루션을 적용하라. 기업의 가장 약한 고리를 보강해 비전을 실현할 수 있는 절호의 기회다. 이제 사업에서 얼마나 좌절감을 느꼈는지, 사업이 얼마나 오래 정체됐는지, 문을 닫기 일보 직전의 사연을 남몰래 간직할 일이 없어진다. 실패에 대한 두려움, 당신의 결정을 반대했던 이들이 옳을지 모른다는 두려움에서 살아갈 필요가 없어진다. 다만, 운이 좋아 성공한 것을 능력 때문이라 여기지 말아야 하며, 능력으로 성공한 것을 운으로 치부하지도 말아야 한다.

이제 당신은 경영자로서 확고한 믿음을 가지고 절벽에서 뛰어내려 날개를 펼쳐야 한다. 경영자의 여정을 시작한 첫날이든, 시작한 지 몇 년이 됐든 당신이 해낼 것을 난 확신한다. 얼굴도 본 적 없는 사이인데 이렇게 확신에 찬 약속을 하는 이유가 있다. 당신과 나는 경영자고, 비즈니스 DNA 구조가 99.9퍼센트 같기 때문이다. 이제 당신에겐 경영자로 위대해질 차례만 남았다. 소중한 친구여, BHN이라는 나침반을 들으라.

다만, 당신의 필수욕구를 정확히 찾았다면 해당 단계와 욕구로 바로 넘어가도 좋다. 안 그래도 바쁜 경영자인데 나머지 부분까지 일일이 읽을 필요는 없으니까.

이것부터 해결하라

FIX
THIS↑
NEXT

MAKE THE VITAL CHANGE THAT WILL LEVEL UP YOUR BUSINESS

얼마를 쓰기 위해
얼마를 벌 것인가?

당신의 지갑이
풍성해야 회사의 지갑도
풍성해진다

'회사가 10만 달러를 벌면 내 앞으로 10만 달러를 가져갈 거야!'

스물세 살에 첫 사업을 시작하면서 나 자신에게 한 다짐이다. 사방에서 코웃음 치는 소리가 들리는 것 같다. 그 반응이 당연하다. 기업이 돈을 벌면 경영자가 고스란히 가져간다고 '순진하게' 믿었던 시절의 다짐이니까. 물론 저 다짐이 엄청난 헛소리임을 아는 데는 오랜 시간이 걸리지 않았다. 기적적으로 연 매출 10만 달러를 달성했을 때도 나는 주머니를 뒤져 잔돈을 찾고 있었다. 그렇게 불편한 진실을 깨달았다. 나 자신은 아무것도 이루지 못했다는 것이었다. 사원 급여를 위해 얼마 되지 않는 퇴직연금을 끌어다 썼고, 나 자신은 한 푼도 벌지 못했다.

'10만이 25만 달러가 되면 어느 정도 생활이 괜찮아지겠지?'

이렇게 위로할 수밖에 없었다.

그러나 내 소득은 한 푼도 늘어나지 않고 25만 달러는 금세 사라졌다. 퇴직연금까지 끌어다 썼기 때문에 사원 급여를 위해 주택담보대출까지 추가로 받아야 했다. 25만 달러라는 기준은 50만 달러로 올라갔다. 연 매출 50만 달러만 되면 나도 경제적으로 자유로운 삶을 살 거라고 믿으면서. 이 역시 헛되고 순진해 빠진 믿음이었다. 점점 기준만 올라가 '연 매출 100만 달러가 되면 모든 게 해결될 거'라 굳게 믿으며 심리 게임을 계속했다. 하지만 100만 달러를 위해서는 '사냥꾼을 따돌릴 정도의' 동물적 감각을 가진 영업직이 필요하다. 잘나가며 욕심 있는 영업직은 판매를 위해 무엇이든 하려 하니까. 나는 매출만 늘어나면 직면한 문제의 전부는 아니라도 대부분은 해결되리라 생각했고, 새로운 일과 고객을 확보하는 데 더욱 집중했다. 실제로도 새로운 일과 고객 확보에 대해 이야기하는 것을 좋아했기 때문에 내 생각에 대한 믿음은 더욱 강해졌다.

결과적으로 나는 연 매출 100만 달러를 자랑할 수 있었다. 하지만 주택담보대출을 또 받아야 했고, 친구에게까지 손을 벌려야 했다. 그 뒤로 연 매출은 200만, 300만 달러로 늘어났지만 내 소득은 늘어나기는커녕 챙기는 것마저 더욱 어려워졌다. 대신 스트레스는 몇 배로 늘어났다. 그렇게 나는 차 안에서 혼잣말을 지껄이면서 있지도 않은 눈앞의 파리를 향해 아무렇게나 손을 휘두르는 이상한 놈으로 변해 갔다.

기억하라. 당신의 사업은 절대로 당신을 돌보지 못한다. 언제나 그렇다. 기업이 성공하려면 1인 기업이라 해도 구체적 목표로 움직여야 한다. 모든 것은 당신의 '구체적이고 개인적인' 목표에서 시작된다. 임의로 정한 높은 매출 목표, 뽐낼 만한 자랑거리, 동료에게 뒤지지 않으려 애쓰는 것, 그 무엇도 아니다.

지난 10년간 10만 명이 훨씬 넘는 경영자와의 만남을 통해, 나는 대부분의 경영자가 임의의 매출 목표를 가졌다는 사실을 알았다. 밑도 끝도 없이 희망찬 목표를 정하고 승리를 위해 자신과 팀을 움직이려 한다. 비유하면, 어린이 야구단으로 자동차경주 챔피언이 되거나 미식축구 슈퍼볼에서 우승하겠다 말하는 수준이다. '희망찬 목표'가 아니라 '희망찬 헛소리'다.

나는 판매를 위해 그저 사람들이 물건을 사도록 만들면 되리라 생각했다. 그저 더 많은 고객을 확보하거나, 기존 고객에게 더 많이 파는 것이 능사가 아니라는 것을 이해하지 못했다. 하지만 이 사실 역시 판매의 아주 작은 부분에 불과하다. 판매란 서로 반갑게 악수를 나누거나 신용카드를 긁는 일 이상의 복잡한 일이다. 당신과 고객이 계약을 맺고 이행하는 것이다. '판매 프로세스'라고 불리는 이 과정은 5단계로 이루어진다.

연결 Connection

판매 프로세스의 처음이자 '판매 전에 이루어지는 판매'다. 판매의 전 과정 이상으로 의미가 있다. 기업은 고객에게 자신의 존재를 알리고, 고객의 요구를 충족하는 데 도움이 될 작업이나 제품이 있음을 알려야 한다. 이 작업에 진정성, 일관성, 신중함이 없다면 계약은 이루어지지 않으며, 계약까지 가기 전에 일이 잘못될 수도 있다.

계약 Agreement

계약서, 영수증, 블록체인 기록, 이메일, 심지어 악수나 포옹까지 어떤 형태가 됐든 계약에는 판매 조건을 명시한다. 즉, 기업이 특정 작업이나 제품을 제공하고 고객이 돈으로 대가를 치르는 데 대한 사항이다.

전달 Deliverable

합의된 스케줄과 기준에 따라, 기업이 작업을 완료하거나 고객에게 제품을 전달하는 단계다.

수금 Collection

이 단계에서 고객은 합의된 스케줄과 기준에 따라, 작업이나 제품의 대가를 지불한다.

종결 Conclusion

계약의 모든 사항이 완료됐음을 양측이 확인하는 시점이다. 추가로 새로운 조건에 합의해 판매 프로세스가 다시 시작될 수도 있다.

"무언가가 되기 전까진 아무것도 아니다 *Nothin's nothin' until it's somethin'*"
라는 격언처럼, 어떤 제안이라도 '서명이 끝나기 전까진' 믿어서 안된다는 것을 우린 알고 있다. 그럼에도 우리는 결국 믿어 버린다. 악수나 주먹 인사 같은 것을 나눌 때 인간은 도파민의 솟구침을 느낀다. 내 계좌에 숫자가 찍히거나, 손안에 현금이 들어오지 않으면 판매는 끝난 게 아니다. 그런데 숫자가 찍혀도, 현금이 들어왔어도 판매가 '진짜' 끝나는 건 아니다. 당신 개인 계좌에 '넣기' 전까지는 말이다.

계약상으로 선불을 요구할 때도 있다. 그러면 고객은 당신이 작업을 잘하길 기대하며 선불의 부담을 무릅쓴다. 하지만 그렇게 받은 돈은 당신 돈이 아니다. 먼저 받았을 뿐, 계약이 종결되기 전까지는 여전히 고객의 돈이다. 선불이라 해도 계약이 종결될 때까지 그 돈은 '맡아 두어야' 하며, 계약을 지키지 못하면 지체 없이 돌려주어야 한다. 대부분의 경영자가 이를 지키는가? 그렇지 않다. 나 역시 그러지 않았다. '수익 먼저'를 실행하기 전까지 나는 계좌에 돈이 들어오면 일단 모두 쓰기 바빴다. 예금을 하기도 전에, 거래가 완료되기도 전에, 때로는 내가 어떻게 그 거래를 성사시킬지 알기도 전에 말이다.

잘나가는 영업직 중 '깡통 계약'에 집중하는 유형이 많다. 그들은 계약 건수에만 관심이 있을 뿐, 기업과 고객 사이 계약이 무사히 끝나는 것에는 신경 쓰지 않는다. 실속 없는 계약의 경우 계약의 이행과 종료는 그만큼 어려워진다. 이를 깨닫고 나니 잘나가는 영업직 영입은 내게 매력적인 선택지가 되진 못했다. 물론 나 자신도 몇 번이고 '건수의 유혹'에 빠졌다. 그때 나는 매출(계약)을 늘리려 애썼고 제품이나 서비스의 전달은 나중에 처리하면 되리라 생각했다.

계약에 대한 안이한 자세는 내 첫 창업 회사인 올멕시스템스^{Olmec}
^{Systems}의 실패를 가져왔다. 2002년 무렵 나는 VoIP, 일명 '인터넷 전
화'가 미래의 사업 기회임을 알아차렸다. 나는 장밋빛 미래를 예견하
며, 관련 시스템 공급사 중 하나인 쓰리콤^{3Com}과 접촉했다. 그렇게 올
멕시스템스는 쓰리콤의 인터넷 전화 시스템을 설치하는 신규 업체가
돼 뉴저지주의 한 기업을 대상으로 75대의 인터넷 전화를 설치하는
실적을 올렸다. 금액으로는 5만 달러. 내겐 '큰' 숫자였고 나를 흥분
시켰다. 자연스레 다른 대규모 계약을 상상했고, 나는 즉시 올멕시스
템스를 최고의 '인터넷 전화 업체'라 선언했다. 회사 계좌가 점점 두
둑해지고 거래가 성사될 때마다 모든 재정 문제가 사라질 것이라 예
상했다. '그랜트와 프랭클린^{Grants and Franklins}'을 마음껏 뿌릴 생각이었
다(50달러 지폐 앞면에는 율리시스 그랜트^{Ulysses Simpson Grant}가, 100달러 지폐 앞면
에는 벤저민 프랭클린^{Benjamin Franklin}이 그려져 있다_옮긴이).

성공적인 첫 판매 이후 쓰리콤에서 연락이 왔다.

"믿을 수가 없군요! 75대라고요? 이런, 맙소사!"

그들은 판매 물량에 대해 얼마나 흥분했는지 이야기했다. 그러
고는 또 한 번 감탄했다.

"이런, 맙소사."

감탄사 반복의 미묘한 차이에서 재난이 임박했음을 알아차려야
했지만, 실적에 정신이 팔린 나는 멀리서 반짝이는 빨간 경고등을 보

지 못했다. 저 멀리 새빨간 경고등이 그것도 여러 개, 아주 크고 선명하게 반짝이고 있었다.

그 후에 나는 쓰리콤이 이제껏 시스템을 다섯 대 이상 팔아 본 적이 없음을 알았다. 정말로 '다섯' 대였다. 계약된 75대의 인터넷 전화가 문제없이 작동할지가 미지수였다(슬픈 예감은 틀리지 않는다). 게다가 쓰리콤의 지침 없이는 전화를 설치할 수 없었고, 어렵사리 설치가 끝났지만 매일 발생할 고객 불만에 어떻게 대처할지에 대해서는 생각할 겨를이 없었다.

결국 5만 달러의 계약이 소송 직전까지 가면서, 우리는 전화를 철거하고 기존 시스템으로 원상 복구까지 해야 했다. 엄청난 손실이었다. 설치 및 철거 비용에 원상 복구 비용까지 부담해야 했고, 원상 복구 후 문제를 해결하기 위한 비용은 덤이었다. 철거한 장비를 쓰리콤에 반품하고 일부 비용을 돌려받기로 합의하기까지 수개월의 시간이 걸렸다. 그렇게 우리는 많은 돈을 잃었고, 시간에 평판까지 잃었다. 모두 실제로 겪은 일이다. 계약의 실행보다 건수에만 초점을 맞춘다면 당신 혹은 당신의 영업팀에도 충분히 일어날 수 있는 일이다.

물론 고객이 계약을 이행하지 못할 때도 있고, 미수금이나 어음으로 장부에 올려놓은 매출이 실현되지 않을 때도 있다. 물론 당신에겐 대단한 일이 아니다. 이미 겪어 봤을 테니까. 그렇다면 나는 왜 당신을 비즈니스의 밑바닥, 기초로 데려갈까? 이러한 문제가 아주 '일반적 문제'이기 때문이다. 뿐만 아니라 매출 정체를 돌파하고 경영을 진전시키기 위해 당신이 지금 당장 해결해야 하는 문제가 판매의 5단계 중 하나와 관련될 수도 있기 때문이다.

이런 경험을 통해 나는 최고의 영업직은 지극한 현실주의자라는 사실을 깨달았다. 그들은 고객에게 진정 도움이 되는 게 무엇인지를 명확히 이해하고 자신의 능력을 솔직히 제시한다. 이런 영업직을 뒷받침하는 최고의 방법이란, 정확한 매출 목표와 목표 설정 이유를 명확히 알리고 판매의 5단계를 최고의 상태로 만드는 것이다. 이제 BHN 중 〔매출〕을 강화하기 위해 당신이 충족해야 할 다섯 가지 핵심 욕구를 살펴보자.

욕구 1 | 라이프스타일 일치

✕

"당신의 개인적 안정을 위해
기업의 매출 성과가 얼마나 돼야 하는지 아는가?"

라이프스타일 일치는 〔매출〕 중 가장 쉽고 빠르게 해결 가능한 데다 효과가 명확한 욕구다. 하지만 내가 만나 본 경영자의 대부분은 라이프스타일 유지를 위해 '내 소득'을 얼마나 가져갈지 생각조차 하지 않았다. 내 소득은 '건물의 땅속 기둥'으로 비유할 수 있다. 이 기둥(내 소득)이 없으면 건물(기업)은 모래 위에 있는 것이나 다름없다. 그만큼 경영자가 자신의 소득을 챙기는 것은 건너뛰어서는 안 되는 과정이다.

이에 대해 눈물겨운 내 경험담을 공유했지만, 나만 겪은 일은 아니다. 지금도 많은 경영자가 임의의 매출 목표를 두고 힘겨운 싸움을 한다. 예를 들어, 어느 기업이 연 매출 100만 달러를 목표로 세웠다고 하자. 그 목표를 넘어서고 나면 500만 달러, 1,000만 달러, 1억 달러를 목표로 삼을 것이다. 성장률로 싸움을 할 수도 있다. 어느 기업은 연간 20퍼센트라는 임의의 성장률 목표를 둘 것이다. 또 다른 기업은 올해 10만 달러에서 50만 달러로 500퍼센트 성장을 이루었으니 계속해서 500퍼센트를 달성해야 한다고 생각한다. 이제! 당신은 이런 목표를 세워서는 안 된다(무자비한 경영으로 이름 높은 아마존의 제프 베이조스$^{Jeff Bezos}$도 이러지 않는다). 좀 더 노골적으로 비유하자면, 120살까지 살겠다는 목표를 세워 놓고 삶의 질과 건강의 조건을 무시하며 살아가는 것과 마찬가지다. 설령 120살까지 산다 해도 수많은 건강 문제를 겪으며 비참하게 살아갈 수 있다.

그렇다면 경영자가 제대로 된 사업 목표를 세우는 방법은 무엇일까? 사업 목표를 개인적 중요성과 연계하면 된다. 이를 시작으로 당신의 '개인적 안정을 뒷받침할 정도'의 소득이 얼마인지도 분명히 알아야 한다. 즉, 당신이 여유롭게 살기 위해 실제로 얼마가 필요할지 계산하라. 좀 더 풀어 설명하면 '현재의 라이프스타일을 유지하며, 모든 부채를 청산하기에 충분한 소득'이 얼마인지 확인하라. 물론 여기엔 향후 필요할 비용에 대한 저축 계획(새 자가용 구입, 교육이나 은퇴를 위한 저축 등)도 포함돼야 한다. 중요한 점 하나. 여기서는 '열망이나 꿈의 수입'을 정하는 게 아니다. '편안한 생활을 위해 필요한 액수'를 정하는 것이다. 꿈의 수입은 때가 되면 얻을 것이다.

필요한 액수가 나오면 이를 계속 유지하기 위해 기업 매출이 얼마나 돼야 하는지를 역으로 계산한다(매출은 늘지만 쓸 돈은 없는 비극이 생기지 않도록, 매출을 바탕으로 당신의 소득 규모를 결정하는 방법도 따로 설명하겠다). 경영에서 당신은 기업의 매출 및 수익 목표, 사원 수 같은 여러 목표를 세울 것이다. 그러나 당신에게 필요한 것부터 제대로 알아야 한다.

많은 경영자가 규모가 클수록 좋은 사업이라고 잘못 판단한다. 당연히 아니다. 당신이 원하는 방식으로 개인적 성장과 편안함이 가능한 '적절한 규모'의 사업이 좋은 사업이다. 다시 말해, 당신의 삶 안에서 적절한 규모의 사업을 하는 것이 경영 목표가 돼야 한다.

이제 계산해 보자. 먼저 지금 당신의 생활비를 합산한다. 그다음 기업의 비용 부담을 줄이기 위해 개인적으로 무엇을 희생할 수 있는지 생각한다(자신에게 매우 솔직해져라). 물론 당신은 사업을 위해 삶의 무언가를 포기하는 데 익숙할 것이다. 하지만 당신이 어떤 희생을 감수할지 고려할 때 '희생의 시간'까지 생각하라. 그리고 소득을 얼마나 사용할지(소득 중 당신을 위한 보상으로 쓸 금액의 비율), 당신이 원하는 수준의 소득을 어떻게 높일지 등을 정하라. 이를 통해, 원하는 생활비를 매달 지불할 수 있는지 여부를 살피면 된다.

오멘 | '사장의 몫' 만들기

×

앞으로 이어질 '오멘' 파트에서 당신은 여러 곳의 경영자가 될 것이다. 업종별 특징을 파악할 수도 있고, 언젠가 당신이 다른 업종의 경영자가 될지 누가 아는가? 적용할 만한 정보가 많을 것이다.

지금, 당신은 기업을 꾸린 지 2년이 됐다. 따로 자신의 급여를 책정하지 않고, 필요할 때마다 회삿돈을 쓴다. 그동안 소득을 예측하기 어려웠기에, 개인적으로 돈이 더 필요하면 더 많이 판매하고 '예비' 신용카드를 쓰는 것으로 해결해 왔다. 이 끝나지 않을 난관을 바꿀 '오멘'을 살펴보자.

목표 ▶ 내 1년 소득 10만 달러 만들기다. 지금은 약 4만 5,000달러다. 자동차 리스나 고급 식당 외식 같은 소비를 억제하면 10만 달러로 집세, 식비, 공과금, 미래를 위한 기본 저축을 해결하면서 적당히 안락한 생활이 가능하다.

측정 ▶ 내 소득을 넣을 '사장의 몫ONER'S COMP' 계좌를 따로 만들고, 연 매출을 얼마나 달성해야 하는지 계산한다. 만약 당신이 연 매출 중 20퍼센트를 '사장의 몫'에 넣기로 했다면? 연봉 10만 달러를 가져가기 위해 연 매출 50만 달러를 달성해야 한다. 당신의 생활을 유지하는 데 수백만 달러의 매출까지 필요치 않음을 확인할 수 있다.

평가 ▶ 2주마다 급여를 지급한다고 가정하면 당신은 격주로 두 가지 지표(총 매출, 사장의 몫)를 검토할 것이다. 저 두 지표로 구성된 간단한 표를 만들고 2주 단위로 추세를 보기 위해 매출과 급여의 평균을 계산한다.

육성 ▶ 당신 책상 앞에, 연 매출 목표 50만 달러를 상기시키도록 "50만 달러로 살아남기Stay alive at the five"라고 적힌 큰 종이를 붙이라. 당신은 이 계획을 진행하면서 당신의 몫 챙기기 자체가 훌륭한 지표임을 이해할 것이다. 측정법을 수정할 필요가 없겠지만 계획을 바꿀 기회가 보일 것이다. 차차 당신은 경영에 영향을 주지 않으면서 '사장의 몫'을 25퍼센트까지 늘릴 수 있다. 따라서 '사장의 몫' 비율을 25퍼센트로 늘리고 연 매출 목표를 40만 달러로 수정한다. 책상 앞 종이 문구는 "40만 달러를 달성하면 인생은 지루하지 않다!Life is not bore when we hit the four!"로 바꾸면 된다.

결과 ▶ 절박한 조치, 판매를 위한 판매가 필요 없어졌다. 기업의 매출 목표는 당신 삶의 안정과 같이 움직인다. 이를 위해 확고한 규칙과 체계가 생겼고, 그 결과 [매출]의 사업 기반은 그 어느 때보다 견고하다. 그리고 연 매출 40만 달러를 달성할 이유가 생겼다. 사업을 더 키우는 것은 아니지만 업계에서 뒤처지지도 않는 적당한 목표다.

욕구 2 | 잠재 고객 유치

✕

"기업의 필요 매출이 유지될 만큼
우수한 잠재 고객을 유치하는가?"

나는 경영자들이 싫어할 '쓸데없이 진지하고 부지런한 영업직'으로 살았다. 무언가를 팔기 위해 예고 없이 나타나는 불청객 말이다. 문제의 올멕시스템스를 차리고, 나는 무작정 이곳저곳 돌아다니며 서비스를 판매하는 '기발한' 아이디어를 생각했다. 나의 날렵한 턱선과 카리스마 넘치는 성격이라면 어떤 사업이든, 어떤 물건을 팔든 성공할 것이라 확신했다(이 구절을 어깨너머로 본 아내가 폭소를 터뜨리며 바닥에 뒹굴고 있다. 나는 날렵한 턱을 카리스마 넘치게 돌려 아내를 쳐다보지 않고 꿋꿋이 버티고 있다).

그렇게 나는 고객을 확보하기 위해 힘찬 발걸음을 내디뎠다. 그러나 내 영업은 하루 만에 끝났다. 더 정확히 말하면 3시간 만에 끝났다. 현관 너머로 거절당하거나, 매의 눈을 가진 경비원에게 가로막혔다. 25번의 거절을 겪고 나니, 내 날렵한 턱선에는 침이 흐르고 있었다. 고객 유치는 고사하고 기업 인지도를 쌓을 방법조차 전혀 알 수 없었다.

고객을 찾는 것과 관련해 경영자들은 인식의 3단계를 거친다. 1단계는 일명 '아무나' 단계로, 어릴 적 엄마의 "낯선 사람은 위험하다"는 말속 진실을 잊고 모든 이를 잠재 고객으로 생각한다. 2단계에선

1단계의 생각이 완전히 틀렸음을 깨닫고 물건을 팔 고객을 선택하는데, 이 결정은 보통 다른 회사가 무엇을 하는지 혹은 안 하는지에 따라 이루어진다. 3단계에선 당신의 사업에 적합한 고객을 찾게 된다. 여기서는 당신의 기업이 할 수 있는 것, 원하는 것, 필요로 하는 것을 명확히 알아야 한다.

무엇보다 먼저, 기존 고객 가운데 최고의 고객을 정하라. 어떤 고객이 당신을 중요하게 여길지, 당신은 어떤 고객에게 물건과 서비스를 제공하는 것이 즐거운지 생각해 보면 바로 답이 나온다. 그리고 고객 속성 중에서 우선순위를 정한다. 예를 들어 '연간 서비스 사용료로 1만 달러를 쓸 수 있는 고객'이라면 어떤 속성을 가질까? 그들은 저렴한 사용료보다, 좋은 서비스를 편리하게 이용하는 것을 중요시하는 부류다. 그리고 잠재 고객의 커뮤니케이션 방식이나 당신 기업의 제품 및 서비스에 대한 인식 등 다른 요소도 조사해 보라. 그들이 어떤 산업군에 속하는지, 인구통계나 심리학적 통계 측면에서 어떤 공통점을 가지는지 등이다. 이렇게 잠재 고객의 페르소나를 기술하면서 이러한 요소에 대해 검토 질문을 작성한다.

2장에서 본 아이스바운드가 전형적인 사례다. 테르시와 줄리는 잠재 고객을 정하기 위한 분석을 시도했다. 그렇게 주거지역 고객이 상업지역 고객보다 적합함을 알아냈다. 주거지역 고객이 상대적으로 사용료를 미루지 않고 지불하기 때문이었다. 그렇게 주거지역의 기존 고객 가운데서 '최고의 고객'을 뽑아냈다. 바로 '자신의 시간을 중시하고, 아이를 다 키운 맞벌이 부부'였다. 판매 기록으로도 최고의 고객임이 검증됐고, 이를 토대로 아이스바운드는 새로운 페르소나를 도출했다.

이에 더해, 당신은 고객이 모이는 장소에도 집중해야 한다. 당신의 페르소나가 자신과 비슷한 사람끼리 신념, 경험, 지식을 공유하고 확인하는 장소를 찾아야 한다는 뜻이다. 그들은 특정 콘퍼런스나 클럽에서 활동할 수 있다. 혹은 특정 팟캐스트 채널이나 방송 프로그램의 팬일 수도 있다.

내 아내는 패션 잡화에 관심이 많다. 그리고 '마이 페이버릿 머더My Favorite Murder'(여성 관련 범죄를 다루는 팟캐스트 채널_옮긴이)의 열혈 청취자인데, 여기서 자신과 비슷한 생각과 취향을 지닌 이와 즐겁게 어울린다. 만약 당신이 여성적 매력이 가득한 패션 잡화나 호신용 도구를 팔고 싶다면 '장소'를 찾은 셈이다. 만약 다른 것을 팔고 싶다면 또 다른 모임을 찾아야 한다. 장소를 찾았다고 끝이 아니다. 이제 당신은 그 안에 들어가 적극적으로 참여해야 한다. 그래야 표적 마케팅과 광고 등을 제대로 활용할 수 있다.

오멘 | '친절한' 고객 유치하기

×

당신은 치과 의사를 대상으로 한 병원 웹디자인 에이전시를 운영한다. 잠재 고객 수를 최적화하려는 치과 의사를 대상으로 웹사이트를 만들어 주는 일이다. 지금도 많은 치과 의사와 '그들의 엄마'가 당신에게 전화한다. 지난주에는 한 치과 의사의 엄마가 '누구보다 훌륭한 내 아들'에게 구글 첫 페이지에 나올 정도로 '대단한' 웹사이트가 필요하다며 전화를 했다. 자신이 원하는 웹사이트 디자인을 이미 그림으로 그려 놓았고, 견적은 500달러 이하로 못을 박았다. 이제 이런 엄마 말고, 당신을 괴롭게 하지 않으면서 비용을 깎지 않는 '친절한 고객'을 데려오자.

목표 ▶ 전체 고객 중, 견적에 대해 옥신각신하지 않고 기꺼이 높은 금액을 지불하는 '친절한' 치과 의사 비율을 80퍼센트로 늘리기다(지금은 50퍼센트). 친절한 그들은 작업의 과정과 결과에 대해 꼬치꼬치 따지지 않는다. 예전에 당신은 모든 고객이 좋은 잠재 고객이라 여겼다. 그 대가로 가격 협상에 엄청나게 긴 시간을 써야 했다. 어렵사리 고객을 데려와도 결과물보다 당신이 어떻게 작업했는지 설명하는 데 더 많은 시간과 노력을 썼다.

측정 ▶ 먼저 작업 비용을 단순화한다. 옵션을 풍부히 제시하기보다 고정 금액을 설정한다(기본 5,000달러/중급 7,500달러/고급 1만 달러). 정기적인 현금 유입을 위해 가격 할인을 할 수도 있지만, 가격 경쟁력에만 초점을 둔다면 '친절한 고객'은 그 기준에 맞지 않는다. 다른 측정 기준인 '세세한 관리'는 질적인 요소로 측정하기 쉽진 않지만 최대한 가능한 방안을 찾아야 한다. 예를 들면 결과물 문의 횟수에 비해 작업 과정 문의 횟수가 얼마나 되는지 비율을 추적하는 식이다.

평가 ▶ 한 달에 한 번 평가한다. 그간 당신의 기업은 일주일에 잠재 고객 네 명 중 한 명을 고객으로 확보했기에, 한 달에 약 15명의 잠재 고객에 대해 검토할 수 있는 샘플이 나온다. 이제 영업팀이 관리할 간단한 표를 만든다(잠재 고객이 가격 할인을 요구했는지 여부, 작업 과정에 대한 질문 횟수, 결과물에 대한 질문 횟수).

육성 ▶ 영업팀은 이제 목표 달성을 위한 전략에 따라 모든 잠재 고객을 응대한다. 사무실에 화이트보드를 걸고 친절한 잠재 고객으로 전환된 숫자를 체크하자고 제안한다. 그리고 당신이 기대했던 통찰, 바로 웹사이트 개편을 꺼내 든다. 당신 회사의 기존 웹사이트는 훌륭하긴 하지만 '우린 누구에게나 무난하게 먹히는 서비스를 제공한다'는 느낌이 강했다. 개편을 통해 '우린 특별한 감각을 가진 스페셜리스트를 위한 서비스를 제공한다'는 메시지를 전할 수 있다. '누구보다 훌륭한 치과 의사 아들' 엄마에겐 미안하지만 말이다.

결과 ▶ 문의는 줄었지만 돈을 지불할 준비가 된 '친절한' 치과 의사가 문의의 90퍼센트를 차지한다. 이제 당신은 FTN으로 돌아와 다음 필수욕구를 찾으면 된다.

욕구 3 | 고객 전환

✕

"기업의 필요 매출이 유지될 만큼
우수한 잠재 고객을 고객으로 전환하는가?"

"쓰레기를 넣으면 쓰레기가 나온다Garbage in, Garbage out"는 미국 속담이 있다. 결과는 원인에 달렸다는 뜻이다. 이제 당신의 잠재 고객이 누군지 알았다면 진짜 고객으로 전환하기가 좀 더 쉬워진다. 물론 고객 전환에 노력하기에 앞서 우수한 잠재 고객의 유치부터 필요한 단계일수도 있다. 어쨌든 우수한 잠재 고객의 파이프라인을 확보했다면, 그들을 고객으로 최대한 전환해야 한다. 이를 통해 일을 줄이고, 더 적은 고객을 상대로 더 높은 매출을 올릴 수 있다. 고객이 되지 않거나 골치 아픈 고객으로 변할 잠재 고객에게 시간과 노력을 쏟는다면 당신은 다음의 다섯 가지 문제 중 한 가지 이상을 꼭 겪을 것이다.

1. 판매를 위한 판매나 인센티브 남발을 한다. 우수 고객에게만 인센티브를 주는 대신 어떤 고객이든 인센티브를 주는 식이다.

2. 우수 고객에 대한 기준이 모호해져, 부적절한 것을 적절한 방법으로 판매하거나 적절한 것을 부적절한 방법으로 판매한다. 비유하면 '이누이트에게 얼음을 파는 일'과 같다. 고객의 진정한 니즈에 대해 이야기하려면 적절한 것을 적절한 방법으로 판매해야 한다. 고객은 기능이 아닌 혜택을 구매하는 존재임을 잊어선 안 된다.

3. 지나친 약속을 남발한다. 즉, 당신이 제공할 수 있는 것을 초과

해서 판매하는 상황이 생긴다. 친절과 무지 속에서 나오는 거짓말이다. 언젠가 내가 칼을 산 적이 있다. 영업직은 "제가 직접 칼을 만드는 한이 있어도 제시간에 납품하겠습니다. 저를 믿으십시오"라고 약속했다. 하지만 약속은 지켜지지 않았고, 당연히 영업직은 칼을 직접 만들지도 않았다. 그리고 또 거창한 약속을 해 왔다. 한마디로 경고 신호였다. 결국 나는 주문을 취소했다.

4. 고객에게 설명이 쓸데없이 길어진다. 당신의 고객은 지금도 "사야지"와 "참아야지" 사이를 계속 오락가락한다. 당신이 열심히, 더 많이 설명한다면 고객은 더 많은 선택을 해야 한다. 그러다 구매 자체를 포기하는 경우가 생긴다.

5. 잠재 고객의 기준이 너그러워진다. 당신이 잠재 고객과 함께해야 할 이유를 너무나 열심히 찾아 기준에 욱여넣으려 노력하는 경우를 말한다. 잠재 고객을 찾는다는 것은 '적합하지 않은 고객을 걸러 내는 게' 목적임을 잊지 말아야 한다.

고객 전환에서는 고객이 무엇을 원하는지 아는 것도 중요하지만 당신이 무엇을 원하는지 아는 것도 매우 중요하다. 하지만 실제로는 고객이 원하는 것에만 초점을 맞추고 '승낙을 얻기 위해' 무리수를 두는 경우가 매우 많다. 나 또한 그랬다. 하지만 정말 중요한 것은 '어떻게 하면 내가 (그 고객을) 승낙할 것인가?'였다. 다시 말해, 내가 그 고객에게 서비스를 제공할 수 있으며, 제공하고 싶다는 것을 어떻게 알 수 있는가가 중요했다. 그렇게 나는 경영을 잠재 고객에게 맞추는 것이 아니라 잠재 고객을 내 경영에 맞추는 것에 집중했다.

여기서 핵심은 당신과 고객이 같은 방향을 향해야 한다는 것이다. 당신은 경영에서 가격, 편의성, 품질 등 어떤 측면에서 승부할 때 가장 큰 즐거움을 얻는가? 어떤 유형의 고객에게 서비스를 제공할 때 즐거운가? 당신은 어떤 서비스나 제품을 제공할 때 즐거운가? 이러한 물음에 답하면 당신만의 '그것'이 보인다. 그리고 다음 세 가지 질문에 답해 보라.

"그것과 '기업의 스토리'가 일관성이 있는가?"

"그것과 '가격 책정'에 일관성이 있는가?"

"그것과 '내가 전달하는 경험'에 일관성이 있는가?"

잠재 고객을 고객으로 바꾸는 방법을 확실하게 알려 주는 책이 있다. 도널드 밀러 Donald Miller 의 《무기가 되는 스토리 Building a Story Brand》다. 밀러를 만나기 전까지 나는 그 방법을 잘 안다고 착각했다. 고객이 어떤 곤란한 상황에 빠져도 나는 그들을 구하러 뛰어드는 영웅이 돼야 한다고 늘 생각했다. 그러나 밀러의 생각은 달랐다. 진짜 영웅은 고객이고, 경영자는 고객의 안내자가 돼야 한다고 말했다. 즉, 당신의 고객은 〈스타워즈 STAR WARS〉 오리지널 시리즈의 영웅 루크 스카이워커 Luke Skywalker 고, 당신은 루크 스카이워커의 스승 오비완 케노비 Obi-Wan Kenobi 인 셈이다.

가장 먼저, 고객 확보에 대한 인센티브 체계부터 검토하라. 회사에 영업팀이 있다면 그들은 계약 건수로 인센티브를 받는가? 계약의 질과 우수성으로 인센티브를 받는가? 역으로 당신은 고객 만족이나 계약의 지속성을 통해 성과를 인정하는가? 고객 수나 계약 건수처럼 판매의 양으로 성과를 인정하는가?

오멘 | 단골 고객 만들기

×

당신은 한 카센터를 인수했다. 그 카센터는 수십 년간 영업을 해 오며 동네에서도 평판이 좋다. 당신은 FTN 분석을 통해 카센터 고객이 매우 다양함을 알았다. 국산차부터 수입차, 승용차부터 스포츠카, 심지어 모터바이크에 산악자전거까지 정비한다. 그간 이 카센터는 '고객이면 다 좋다'는 생각으로 영업을 했겠지만, 당신은 그게 마냥 좋지만은 않다는 것을 안다. 고객이 다양할수록 갖춰야 할 요건도 그만큼 늘어난다. 요건과 요구가 다양할수록 사업의 체질은 약해진다.

목표 ▶ 1년 내 국산차 정비 비율을 51퍼센트로 높이기다(지금은 25퍼센트). 당신은 가장 적합한 고객만을 대상으로 카센터 경영을 단단하게 만들고 싶다. 실제로 국산차에 관심이 높은 이유도 있다.

측정 ▶ 영업직에 대한 인센티브 체계가 고객의 질과 연계되는지를 봐야 한다. 따라서 카센터를 오래 이용한 '단골'을 중시하는 보상 체계나 영업직 커미션에 대해서도 다시 고려해야 한다. 페르소나에 가까운 잠재 고객을 고객으로 전환할 경우 더욱 높은 인센티브를, 페르소나에 부합하지 않는 잠재 고객을 고객으로 전환할 경우에는 인센티브 삭감을 고려해야 한다. 그리고 당신이 가장 먼저 정해야 할 사항은 목표 달성 기간이다. 당신은 '1년 내에' 목표를 달성하고자 한다. 이를 위해 주당 국산차 정비 건수를 확인한다. 그동안 일주일에 대략 4건을 작업했으니 이를 10건으로 늘리면 된다.

평가 ▶ 매주 금요일에 수치를 점검하기로 하고, 오후 5시 영업이 끝나면 간단한 미팅을 가진다. 목표 달성도를 논의하는 간략한 비공식 회의도 추가한다.

육성 ▶ 당신은 카센터 정비사에게 목표를 제시하고, 그 목표가 그들에게 어떤 이득이 될지를 설명한다. 그 이득이란, 자신 있는 기술에 더욱 집중할 수 있으며 관련 훈련을 받을 수도 있음이다. 당신에게도 이득이 있는데, 일부 거래처와는 더 좋은 조건을 틀 수 있다. 그런데 한 정비사가 한 주에 정비한 국산차 정비 건수를 보드에 표시하자는 아이디어를 냈다. 금요일 오후 5시, 모두가 모여 맥주를 마시며 수치를 확인하고 방안을 논의한다. 시작한 지 한 달밖에 되지 않았고 그저 수치일 뿐이지만 국산차 정비가 매주 4건가량이 계속 이루어짐을 확인했다. 그 후 다른 아이디어가 쏟아지기 시작한다. 국산차를 정비하는 신규 고객에게 'Made in America' 스티커나 모자를 선물하자는 의견이 나왔다. 그들을 위한 '신속 서비스'를 따로 제공하자는 등의 의견도 나왔다.

결과 ▶ 적합한 잠재 고객이 곧바로 당신 전략에 주목했다. 3개월 후, 카센터의 국산차 정비 건수가 일주일에 5건으로 늘었고 1년 뒤에는 9건이 됐다. 기대한 목표치까진 아니지만 근접한 결과를 달성했다.

욕구 4 | 약속 이행

✕

"기업이 고객과의 약속을
온전히 이행하는가?"

경제 뉴스 사이트인 〈24/7 월스트리트〉는 미국에서 가장 미움받는 20대 기업을 매년 발표한다. 그간의 발표를 보면 유나이티드항공United Airlines, 메타Meta (페이스북), 에퀴팩스Equifax, 우버Uber, 와인스틴컴퍼니Weinstein Company 등이 올라 있다. 이들 기업이 미움받는 이유를 알기 위해 연례 보고서까지 읽을 필요는 없다. 이유가 단순하고 뚜렷하기 때문이다. 바로 고객이 실망감을 느꼈다는 것이다. 개인 정보를 안전하게 유지하지 못했거나 비싼 값에 팔아넘겼든, 노동문제가 있거나 범죄행위에 관여했든, 약속을 지키지 못했든 고객을 잃고 나아갈 방향을 잃었다.

당신의 기업이 사랑받기 위해 한마디만 하겠다. "무소식도 소식이라 생각하라"고. '무소식이 희소식 아닌가?'라고 생각할 수도 있다.

흔히 고객 피드백에 대해 우리는 무소식이 희소식이라고 생각한다. 소비자가 만족하기 때문에 구태여 피드백을 따로 주지 않는 것이라 여기기 때문이다. 아닐 수도 있다! 구태여 화를 내면서까지 불만족을 이야기하고 싶지 않다는 뜻일 수도 있다. 누군가와 다투는 것 자체를 싫어하는 사람들도 상당히 많고, 너무나 실망하고 화가 나서 당신에게 따지는 대신 경쟁사로 조용히 가 버리는 경우도 매우 많다. 계약의 인도 단계에서 '나쁜 무소식'을 방지하는 비법이 있다. 당신은 나름의 기대치를 설정하고, 그에 못 미칠 경우 다시 기대치를 설정해야 한다. 계약이 잘 진행되든 문제가 생기든, 고객이 물어보기 '전에' 진행 상황에 대해 설명을 해야 한다.

고객의 기대를 저버린다면, 이는 《B-A-M! Bust A Myth쾅! 신화를 깨다》의 저자 배리 몰츠Barry Moltz와 메리 제인 그린스테드Mary Jane Grinstead가 말한 '이중나선 함정Double Helix Trap'에 빠졌다는 의미다. 이 함정은 경영의 초점이 판매와 계약 이행 사이에서 오락가락할 때 생긴다.

사업에 연료(자금)를 공급하려면 판매(계약)가 필요하고, 판매 후 기업은 고객과의 계약을 충실히 이행해야 한다. 문제는 너무나 많은 경영자가 판매와 약속 중 어느 한쪽에만 집착한다는 점이다. 판매가 잘 안되면 '계약 따내기'에만 온갖 신경을 집중한다. 판매가 어느 정도 된 다음에야 계약 이행을 걱정한다. 그렇게 판매에 신경을 끄자 수치가 떨어지는 것을 뒤늦게 발견한다. 허둥대면서 다시 판매를 챙기다 보면 약속대로 계약을 이행하기 어려워진다. 그렇게 체력과 돈도 잃고, 그에 얹어 고객과 평판까지 잃는다. 얻는 것은 고객의 미움

뿐이다.

이 문제는 판매 프로세스에 병목현상이 있다는 뜻이다. 이를 위해서는 병목현상이 가장 심한 곳 '하나에만' 집중해야 한다. 생산의 전 영역을 점검해 효율성을 높이는 방법보다 훨씬 효과적이다. 병목현상이 심한 곳을 찾았다면, 해당 장비와 인력을 효율화하거나 처리 방식을 개선해야 한다. 만약 당신의 기업 규모가 아주 작다면 계약 이행을 담당할 사람을 따로 고용하는 것도 방법이다. 당신은 더 큰 과업에 집중하기에도 바쁘니 말이다.

오멘 | 덜 약속하고 더 해 주기

✕

당신은 '도그 워커dog walker', 즉 반려견 산책을 대행하는 사업을 한다. FTN 분석 결과, 당신의 필수욕구가 도출됐다. 바로 '약속 이행'의 문제다. 실제로 고객이 남긴 온라인 후기를 보니 그리 만족스러워하지 않는 분위기였기 때문이다.

목표 ▶ 팀의 정시 도착 비율을 98퍼센트로 높이기다(지금은 40퍼센트). 후기 중 불만 사항의 대부분은 스케줄 문제였다. "오전 8시까지 오시기로 했으면서, 8시 40분에 도착했어요. 결국 급하게 회사에 오전 반차를 내고 말았어요. 시간관념이 형편없군요!" 1분 늦는 것도 늦는 것이다. 당연히 고객과의 약속을 어긴 것이다. 98퍼센트라는 목표는, 천재지변이나 불가항력의 요인으로 인해 100퍼센트는 불가능함을 인정한 수치다.

측정 ▶ 하나만 측정하면 된다. 팀의 정시 도착 여부(약속 시간 혹은 5분 전까지 고객에게 인사하기로 정의함)뿐이다. 당신의 팀이 정해진 시각에 혹은 그보다 일찍 약속 장소에 도착했는가? 팀원은 이 지침에 당연히 최선을 다하겠지만 사실을 조금 왜곡하거나 변명할 거리를 고민할 수 있다(교통체증 등의 핑계를 대면서). 그러므로 당신은 시행 체계를 따로 마련해야 한다. "정시에 도착했는가?"라는 질문을 포함해 세 가지 문항으로 구성된 고객 설문을 매일 실시하는 것이다.

평가 ▶ 다행히도, 주중 매일 서비스를 이용하는 100명 이상의 기존 고객이 있다. 이들로부터 많은 데이터를 수집해 매일 상황을 점검한다.

육성 ▶ 팀은 새로운 측정 기준에 모두 동의했다. 다만 이 문제를 해결하기 위해 브레인스토밍으로 방안을 찾아야 했다. 그런데 한 팀원이 "그냥 덜 약속하고 더 해 주는 게 낫지 않나요?"라고 말했다. "몇 시 몇 분에 가겠다"고 말하는 대신 "몇 시 몇 분에서 몇 분 사이에 가겠다"고 말하는 식이다. 고객을 만나러 가기 전 변수에 대처하기 위한 유연성이 생겼다. 그리고 팀원은 측정 기준에 대해 적극적으로 피드백을 제시했다. 상황이나 시점에 따라 지각이 다르게 정의될 수 있다는 사실도 발견했다. 약속 시간보다 일찍 도착해도 정작 고객이 지각할 수도 있으니 말이다. 그래서 고객의 집에 도착하자마자 문자

메시지를 보내 도착을 알리기로 했다.

결과 ▶ 실행 한 달 만에 정시 도착 비율이 99퍼센트에 이르렀다. 고객의 반응도 좋아졌다. 특히 문자메시지로 도착을 알려 주는 서비스를 매우 좋아했는데, 팀이 도착해서 반려견과 함께 사진을 찍어서 인증을 했기 때문이다. 정시 도착에 대한 고객의 인식을 바꾸는 것이 전부임을 누가 알았겠는가? 바로 당신과 당신의 팀이다.

욕구 5 | 대금 수금
✕
"고객이 기업과의 약속을
온전히 이행하는가?"

내가 창업한 PFP Profit First Professionals 엔 특별한 의식이 있다. 신규 고객이 등록하면 커다란 징을 친다. 이 의식은 PFP가 판매 프로세스의 두 번째 단계인 '계약'에 들어왔음을, 축하할 만한 하나의 이정표가 생겼음을 의미한다. 예전에는 계약이 체결되면 일단 돈을 번 것이라 생각하고 금액을 세어 보곤 했다. 아직은 미수금으로 찍혀 있지만, 조만간 내 계좌에 들어올 돈이라 여겼다. 숫자만 봐도 기분이 좋았다(간혹 고객이 돈을 주지 않거나 일부만 주는 경우를 제외하면 말이다). 나는 미수금에 대한 책임은 해당 팀이 관리할 문제로 만들었다. 실제로 판매 프로세스의 일부이기 때문이다. 최악의 경우 수금을 강행해야 할 때도 있었다(물론 내가 계약을 이행하지 않을 때도 있었다). 누군가에게 빚을 지는 것은 절대 기분 좋은 일이 아니다.

진정한 판매란 양측의 합의 조건에 따라 계약을 모두 이행하고 나서야 효력이 생긴다. 당신 입장에서 보면, 고객이 제때 모든 대금을 완벽히 지불해야 진정한 판매가 된다. 이를 위해 당신은 다음 조치를 취할 수 있다.

- 지급 기한을 앞당기거나 선불금을 올린다.
- 신용카드 거래처럼, 지불 책임을 다른 기관에 넘긴다.
- 페이팔이나 애플페이 등의 간편 결제 서비스를 지원한다.
- 고객을 위한 계획을 실행한다(청구서 수령 확인 요청 및 만기일 안내 서비스 등).
- 지불이 늦는 고객이나 기업에 핸디캡을 적용한다.

고객이 계약을 이행하지 않는다면(정해진 날짜에 돈을 주지 않으면), 당신은 고객에게 '은행(대부자)'이 된다. 하지만 은행이 되는 것은 좋은 게 아니다. 이러한 상황이 오지 않도록 먼저 적절한 관리를 하는 게 최선이다.

그림 4의 '차입자/대부자 의무 매트릭스Borrower/Lender Obligation Matrix'를 살펴보자. 이 그림은 판매자와 고객의 관계를 잘 보여 주는 자료 중 하나다.

첫 거래가 진행되면서 기업(대부자)과 고객(차입자)의 의무감은 역전된다. 고객은 서비스를 이용한 직후 당신에게 돈을 지불해야 한다는 높은 의무감을 가진다. 제품이나 서비스를 이용한 후 느끼는 만족감 때문이다. 하지만 그 의무감은 시간이 지날수록 줄어든다. 시간이 지날수록 고객은 다른 서비스에 눈길을 주고 처음의 만족감은 희미해진다. 하지만 이제 돈을 받아야 할 당신의 의무감은 계속 늘어난다. 고객이 차일피일 지불을 미루거나 모른 척하는 상황을 걱정하기 시작한다. 안타깝게도 시간은 당신의 편이 '아니'다.

대부자의 관점에서, 당신은 지급 기한을 더 짧게 정하길 원할 것이다. 기한을 짧게 하고, 소액이라도 자주 지불하도록 유도하는 것은 대부자와 차입자 모두에게 도움이 되기 때문이다. 차입자의 지불 의무감이 높아지고, 수금 의무도 줄여 주기 때문이다. 당신이 해결해야 할 필수욕구가 '대금 수금'이라면, 미수금 회수를 반드시 계획의 일부

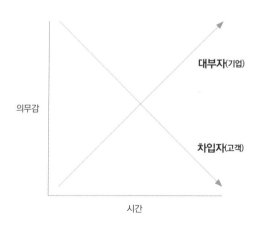

그림 4 차입자/대부자 의무 매트릭스

로 삼기 바란다.

아날로그메소드 Analog Method 라는 기업이 있다. 이 기업은 한 거래처에만 2만 5,000달러의 미수금이 묶여 있었다. CEO였던 자크 스미스 Zach Smith 는 해당 거래처에 매달 전화를 걸어 지불을 요구했으나 번번이 돈이 없다며 거절당했다. 수금 기한은 거의 1년이 지나 차입자/대부자 의무 매트릭스가 깊이 자리 잡았다(차입자가 오히려 태평한 상황이다).

상황을 듣고, 나는 계획을 조금만 틀어 보자고 제안했다. 어떻게? 다음 독촉 전화에서 스미스와 거래처의 통화 내용은 이랬다. 먼저 스미스가 운을 떼운다.

"매주 얼마나 '털 수' 있습니까?"

"모르겠는데요."

"1센트는 돼요?"

"네, 물론이죠."

"1달러는요?"

"당연히요."

이제 스미스가 밀어붙인다.

"50달러는 어때요?"

"됩니다."

"100달러는요?"

"그 정도는 문제없습니다."

"그럼, 250달러는 어떻습니까?"

"그건 안 될 것 같은데요."

이렇게 거래처가 문제없이 지불할 수 있는 금액의 범위가 정해졌다. 다시 스미스가 묻는다.

"그럼 좀 낮출게요. 매주 200달러는 됩니까? 어려울까요?"

"아뇨, 그 정도는 가능합니다."

"좋아요. 매주 200달러씩 터는 걸로 합시다."

이 상황에서 매주 받을 금액은 크게 중요하지 않다. 중요한 건, 이 통화를 통해 거래처가 다시 수금에 대해 신경을 쓰기 시작했다는 사실이다. 차입자/대부자 의무 매트릭스의 시점도 앞당겨졌다. 자신이 지불할 수 있는 금액이 정해지니 지급에 대한 책임감이 다시 생겨났다. 실제로 그 거래처는 여력이 되는 주엔 200달러보다 더 많은 금액을 지불했고, 1년에 걸쳐 2만 5,000달러를 모두 지불했다.

회계 회사인 북스킵^{Bookskeep}의 창업자 신디 토머슨^{Cyndi Thomason}은 그간 내가 제시한 개념을 경영에 아낌없이 적용했다. '수익 먼저' 인증을 처음으로 받았고 《Surge^{서지}》에서 설명한 '틈새시장에서의 성장'을 활용해 기업을 연 매출 100만 달러 규모로 성장시켰다. 이를 통해 창업 이래 처음으로 4주간의 휴가를 떠나기도 했다.

4년간 연 매출이 25만 달러씩 늘어나면서, 토머슨은 성장으로 인한 문제를 해결하기 위해 수시로 팀 회의를 했다. 그리고 토머슨은 팀에도 FTN 분석을 요청했다. 이를 통해 구성원이 많은 부분에 동의했고 때로는 다른 의견을 제시하며 통찰력 있는 논의를 나누었다. FTN을 더욱 효과적으로 활용하기 위해서는 전문가 코칭을 추천한다. 외부인의 균형 있는 관점은 논의에 매우 효과적이기 때문이다.

　FTN을 통해, 토머슨과 팀은 여러 단계에서 필수욕구가 있음을 확인했다. 특히 〔매출〕에서는 '약속 이행'과 '대금 수금', 〔체계〕에서는 '헛수고 최소화', 〔영향력〕에서는 '미션을 통한 동기부여' 등이 지적됐다. FTN 분석의 원칙에 따라 가장 낮은 단계에서 가장 중요한 욕구인 '약속 이행' 문제를 해결하기로 했다.

　필수욕구 해결을 위해 특정 문제를 다룰 때, 간혹 한 가지 문제를 통해 다른 욕구까지 저절로 해결되는 경우가 있다. 북스킵의 경우 약속을 이행했다고 자신 있게 말할 수 있도록 노력한 결과 〔체계〕에서 표시하지 않은 '핵심 인력 여유'까지 해결할 수 있었다. 어떻게 가능했을까? 토머슨과 팀은 업무의 흐름이 어디서 막히는지도 점검해야겠다고 느꼈다. 팀의 문제는 백업 역할을 할 팀원이 없다는 것이었다. 누군가가 자리를 비우거나 업무상 문제를 일으킬 경우 그를 대신할 누군가가 없다는 뜻이다. 특정 업무를 다루는 팀원에게 문제가 생기면 나머지는 모두 문제가 해결되기를 기도하며 기다려야 했다. 갑자기 특정 업무가 늘어날 땐 담당자도 힘들고, 나머지는 도와줄 수도 없었다.

　북스킵은 팀을 대상으로 업무 대체가 가능하도록 몇몇 핵심 스킬을 교육시켰다. 또한 업무를 팀 차원에서도 처리할 수 있게 허용했다. 이에 더해, 특정 업무의 양이 늘어날 때를 대비하는 사원을 한 명

채용했다. 여러 업무를 지원해야 하는 만큼 이 팀원의 경우 상세한 업무 훈련을 받게 했다. 여전히 팀은 자신의 강점과 스킬에 따라 업무를 수행 중이지만 이젠 백업이 가능한 팀원이 대기 중이다. 그렇게 북스킵은 가벼운 마음으로 '약속 이행'으로 돌아가 방안을 모색할 수 있었다. 그리고 '핵심 인력 여유'도 해결한 셈이다.

오멘 | 고객에게 선불 요구하기

×

당신은 남편과 함께 사진 스튜디오를 운영한다. 스튜디오는 가족사진 전문으로 유명한데, 촬영부터 액자 제작까지 평균 단가가 250달러다. 벌이는 비교적 괜찮다. 몇몇 고객이 제때 혹은 아예 대금을 지불하지 않는 것만 제외하면 말이다. 이를 해결해 보자.

목표 ▶ '액자 완성 후 30일 내'에 대금을 내는 고객 비중 높이기다. 현재 30일 내에 대금을 내는 고객은 50퍼센트뿐이다. 아예 대금을 내지 않는 고객도 10퍼센트에 달하는데, 물론 그들에게 액자를 주진 않았지만, 제작에 걸린 시간과 노력에 대해서는 보상받지 못했다. 이러한 상황이 지속되면 스튜디오를 계속할 가치가 없다.

측정 ▶ '수금'만 측정하면 된다.

평가 ▶ 업종 특성상 작업 건수가 많고 시기를 타기 때문에 하루아침에 변화를 기대할 수는 없다. 1년 중 약 150건의 작업에서 무려 125건이 휴가철에 이루어지는데, 그때까진 약 6개월이 남은 상태다. 일단 월 단위로 결과를 추적하고 휴가철이 지난 9개월 뒤에 목표를 완전히 업데이트하기로 했다.

육성 ▶ 스튜디오에서 촬영은 당신이, 장부 기록 및 관리는 남편이 한다. 그런데 남편이 간단하지만 '겁나는' 제안을 했다. 계산을 선불로 바꾸자는 것이다. 그렇게 한다면야 모든 문제가 해결되겠지만 고객이 떠나지 않을까 걱정이 됐다. 애초에 30일의 유예기간을 둔 것도 할부 결제가 가능한 경쟁 스튜디오로부터 고객을 끌어오기 위함이었다. 물론 그렇게 함에도 대금이 들어오지 않으면 아무 소용도 없다. 게다가 당신의 스튜디오는 동네에서 가족사진 전문으로 알려져 있다. 그렇게 남편의 제안을 받아들였다.

결과 ▶ 결국 고객은 대금을 지불하지 '못하는' 것이 아니었다. 그들이 못하는 것은 자신의 예산 관리였다. 당신은 그들의 사진을 촬영하고 밤새워 편집 작업을 한 다음 휴가철 청구서를 보낸다. 그들은 신경 쓰지 않던 비용이 튀어나오니 예산 부족에 허덕였고, 그들의 예산 우선순위에서 당신은 마지막으로 밀리거나 아예 사라졌었다. 결과적으로 전액 선불이란 말에 '놀란' 고객은 소수에 불과했다. 대다수의 고객은 순순히 요구대로 선불을 치렀다. 또한 신용카드도 받기 시작했다. 신용카드를 쓰면 일단 결제가 편해진다. 결제가 늦어지면 신용카드사가 해결해 줄 것이다. 결과적으로 당신의 미수금은 9개월

만에 0으로 떨어졌다. 선불 아니면 작업을 하지 않았기 때문이다. 그렇다고 당신이 인정사정없는 구두쇠는 아니다. 다만 인정사정없이 호구 취급당하기 싫었을 뿐이었다. 이제 오늘 저녁, 가족과 즐겁게 외식을 즐길 일만 남았다.

'당신의 삶을 위해' 얼마를 벌어야 하는가?

×

제이콥 리머 Jacob Limmer 는 부티크 카페 코튼우드커피 Cottonwood Coffee 두 곳을 운영한다. 이에 더해 로스터리(커피 로스팅 시설)까지 운영한다. 그는 내게 이렇게 말했다.

"저는 로스터리라는 이름이 싫습니다. 그럼에도 그 명칭을 사용하는 것은 이해가 쉽고 빠르기 때문이죠. 저는 사람들이 fair, old, town 같은 단어에 쓸데없이 'e'를 붙여서 faire, olde, towne으로 쓰는 것도 싫습니다."

리머의 이러한 관찰력이 매우 마음에 들어, 두말할 것 없이 나는 그를 좋아한다. 그는 [매출]을 검토하면서 '라이프스타일 일치'를 해결해야겠다고 느꼈다. 그렇게 월 4,000달러라는 소득 기준을 정했다. '미국 중서부 지역에서 안정적으로 생활하기'를 감안한 결과다. 월 4,000달러로 아주 부유하게 살 순 없겠지만, 아침마다 돈 때문에 전전긍긍할 일은 절대 없을 것이다. 그리고 리머는 이렇게 말했다.

"전 참 오만했어요. 자존심 때문에 BHN의 맨 처음 단계에 있을 필요가 없다 생각했죠. 13년간 사업을 운영하기도 했고, BHN으로 드러난 사실에 왠지 모르게 저항하고 싶었어요. 저는 그보다 뛰어나다고 생각했습니다. 하지만 그렇게 일했으면서 한 달에 4,000달러도 가져가지 못하는 것은 그야말로 '거지 같은' 상황입니다. BHN은 제가 수년간 부정했던 사실을 직면하게 했습니다. 그리고 걱정 없는 삶을 위해 정말 필요한 것이 무엇인지 명확히 이해하는 걸로 오후를 보낼 수 있었습니다. 그리고 경영에서 무엇이 필요한지 곧바로 알아냈습니다."

냉엄한 현실에 기반을 두지만 희망에 찬 매출 목표를 얼마로 잡아야 할지 궁금한가? 먼저, 당신의 라이프스타일을 유지하기 위해 얼마가 필요한지 명확히 파악하라. '당신의 몫'을 첫 번째 핵심 욕구로 이야기하는 데는 이유가 있다. 이를 첫 번째로 받아들이지 않는다면 당신의 사업은 냉엄한 현실이 아닌 막연한 생각 위에 지은 집이나 다름없기 때문이다. 물론 BHN의 가장 아래 단계에서 시작해야 한다고 해당 단계 '내에서' 핵심 욕구를 모두 거쳐야 하는 것은 아니다. 다음 4장에서는 리머가 [매출]에서 [수익]으로 넘어가서 알게 된 충격적인 발견에 대해 살펴볼 것이다.

이것부터 해결하라

FIX THIS NEXT

MAKE THE VITAL CHANGE THAT WILL LEVEL UP YOUR BUSINESS

'진짜' 이익을
내고 있는가?

바로 쓸 수 없다면
진짜 수익이
아니다

F I X
THIS
NEXT

'수익'은 경영자가 흔히 오해하는 개념 중 하나다. 내 정의로는 '주주나 경영자'가 지속적이고 건실한 사업 운영에 부정적 영향을 미치지 않으면서 '자신을 위해 원하는 방식으로 사용할 수 있는 현금'이 수익이다. 미래를 대비한 저축이나 개인 부채 상환에 수익을 사용하고 싶을 수 있고, 멋진 모터바이크를 장만해 석양을 향해 달리고 싶을 수도 있다.

얼마 전 내게 포드Ford에서 13.23달러짜리 수표를 보내왔다. 내가 100주 남짓 주식을 보유한 대가다, 포드는 분기마다 모든 주주에게 배당금 수표를 보낸다. 하지만 나는 이번엔 수표를 쓰지 않기로 했

'진짜' 이익을 내고 있는가?　　　　　　　　**117**

다. 그리고 이렇게 말했다.

"오, 이런! 이 돈은 나보다 포드에 더 필요하다고. 포드가 사업을 성장시키는 데 쓰도록 이 돈을 돌려줘야겠어."

내 양보는 포드를 위해 '끝내주게 맛있는 피자를 한턱낸 셈'이다. 포드의 분기 실적이 더 좋았다면 토핑을 추가했을 것이다. 투자자는 항상 위험을 감수한다. 주가는 오를 수도 있고 내릴 수도 있다. 13.23달러짜리 수표는 투자자이자 주주로서 내가 감수한 위험에 대한 포드의 보상이다.

당신이 경영자라면 기업의 막대한 지분을 보유할 것이다. 20퍼센트 혹은 50퍼센트, 어쩌면 100퍼센트일지도 모른다. 수익이란, 투자자로서 당신이 엄청난 위험을 감수한 대가로 얻는 보상이다. 수익이 나면 최대 주주일 당신이 그 수익을 가진다. 당신이 위험을 감수한 덕분에 사업은 시작되고 지속된다. 분명히 말한다. 수익을 사업에 재투자하는 경우 그것은 결코 수익이 아니다. 전에도 아니었고 앞으로도 아니다. 수익 재투자는 '비용'이다.

언젠가 나는 한 경영자를 만난 적이 있다. 그는 그해에 22퍼센트 수익을 얻었으나 모두 사업에 재투자했다고 말했다. 그러면서 자신의 기업에서 달성한 수익을 자랑했다. 나는 약간 까칠한 말투로 그의 환상을 완벽히 깨뜨렸다.

"재투자한 수익을 사업에 썼습니까?"

"그럼요! 한 푼도 남김없이 사용했어요."

"당신이 돈을 썼다면 그건 수익이 아니라 비용입니다. 따져 볼 것도 없죠. 일정 기간 수익이라 부른 뒤에 사업에 재투자했다고 그 돈이 수익이 되는 건 아닙니다."

회계 용어 때문에 착각하면 안 된다. 사업에서 돈을 썼다면 그것은 비용이다. 재투자된 수익이라 말하면서 타격을 잊으려 하면 안 된다. 수익이란 계좌에 현금으로 있거나, 주주에게 배분이 끝난 경우에만 해당한다.

매출을 늘릴 수 있다면 수익성도 좋아질 것이라 생각하기 쉽다. 많은 경영자가 '마법처럼' 수익이 발생하길 기대하며 더 많이 팔려는 노력을 지금도 계속한다. 그 기대는 이뤄지지 않는다. 사실 매출은 수익으로 항상 전환되지 않는다. 우리는 가진 것을 소비하기 바쁘기 때문이다. 아무리 많이 벌어도 수익에 초점을 두지 않으면, 우리는 계속해서 수익성 높은 사업을 만드는 데만 신경을 쓸 것이다.

진짜 수익성 높은 사업을 만들려면, 수익을 계좌에 먼저 따로 챙겨 둬야 한다. 모든 청구액을 지불한 뒤 남은 소득이 얼마인지 확인하기 바쁘다면 수익성 높은 사업은 꿈일 뿐이다. '수익 먼저', 즉 모든 예금의 총액에서 일정 비율을 계좌로 따로 옮기면 합리적 지출이 가능해진다. 경영 측면으로 말하자면 모든 판매에서 수익을 먼저 취하고 그 수익을 적절히 뒷받침하도록 사업을 조정해야 한다. 《수익 먼저 생각하라》를 보면 이에 대한 자세한 내용이 있으며, 소득의 일정 비율을 여러 계좌로 나누어 설정하는 방법도 나온다. '지속 가능성'과

'번창 가능성', 이것이 우리가 〔수익〕에서 중점을 두는 요소다. 수익을 내지 못한다면 당신의 기업은 파산 위기에서 끊임없이 흔들리며 쩔쩔 맬 것이다.

내 커리어에서 암울한 기억 중 하나는 사원을 절반 가까이 정리 해고해야 할 때였다. 당시 나는 파트너와 함께 2년 만에 과학수사 비즈니스로 연 매출 300만 달러를 냈고, 그다음 해에는 두 배 이상 매출이 확대될 것이라 예상했다. 하지만 그 안에서 우리는 매달 사원 급여를 충당하느라 전전긍긍했다. 필요 이상으로 많은 사원을 고용한 데다 너무 높은 급여를 지급하는 버릇으로 생긴 문제였다. 전 사원이 30명이라 말하면서 자아도취에 흠뻑 빠져 있었다.

정리 해고를 하면서 내가 가장 괴로웠던 이유는 개인 비서인 패티 자넬리^{Patti Zanelli} 때문이었다. 정리 해고를 통보하던 날, 나는 회의실에 사원을 모아 놓고 상황을 설명했다.

"그만두어야 할 분은…."

내 말이 시작되자 자넬리의 눈에 눈물이 고였다. 그는 바로 일어나 서둘러 회의실을 나갔다. 그 순간 나는 '모래 위에 조직을 세웠다'는 사실을 깨달았다. 실제로 조직을 지탱할 기반을 다지지 않았고, 먼저 고려했어야 할 중요한 욕구를 강화하기 전에 무작정 사원부터 뽑고 있었다. 나는 불경기를 탓하거나, 경쟁사에 화살을 돌리거나, 매출 부진을 핑계 삼고 싶었다. 물론 모두 사실이었지만 그 어떤 것도 근본 원인은 아니었다. 근본 원인은 매출과 현금흐름을 몰랐던 내 무지였다. 실제로 당시 나는 재무와 관련된 모든 사항을 파트너에게 '던져' 두었다. 그렇다고 파트너의 잘못도 아니었다. 관심을 기울이지 않은 내 잘못이었다. 나는 이에 대해 솔직히 털어놓아야 했다. 사원들의 얼굴을 훑어보며 말을 이어 갔다.

"제가 망쳤습니다. 그것도 완전히요. 지금 우리는 사업을 유지할 돈이 없습니다. 제 리더십 부족으로 인해 처한 상황입니다. 오늘 저는 여러분을 내보내야 합니다. 모든 게 제 탓입니다. 회사를 생존할 수 있는 규모로, 지속 가능한 규모로 축소해야 합니다. 그렇지 않으면 완전히 문을 닫아야 합니다."

왈칵 눈물이 흘렀다. 사과 말고는 할 말이 없었다.

"미안합니다. 너무나 미안합니다. 제 인생에서 가장 어려운 결정입니다."

그날 12명의 사원이 나갔고, 총 사원은 순식간에 18명으로 줄었다. 그리고 나는 가장 큰 실수를 저질렀다. 남은 이를 불러 모은 다음, 고용을 유지하기 위해 급여를 10퍼센트 삭감해야 한다고 말했던 것이다. 지금도 생각하면 괴롭다. 사실 남은 사원의 급여를 그대로 유지하고, 이를 위해 한두 명을 더 내보냈어야 했다. 당신도 알겠지만 동료가 해고당하고, 급여가 깎이면 남은 사원은 더욱 불안해한다. 다음 해고 차례는 자신이 될 거라 생각하고, 경영상 사업 문제가 여전히 해결되지 않았다 여기기 때문이다. 결국 남은 이도 조용히 새로운 일자리를 찾기 시작했다.

그런데 갑자기, 막대한 현금이 걸린 중대한 프로젝트가 잡혔다.

뒤늦게 나는 급여를 원래 수준으로 돌려놓았지만 10퍼센트 삭감의 부작용은 여전했다. 다들 회사에 마음이 떠나 다른 일자리를 찾기 바빴고, 핵심 사원 몇몇마저 회사를 떠났다. 그들이 떠나는 건 당연했다. 나는 그저 중요한 판매를 성사시켰을 뿐, 경영상 문제를 해결하지 않았기 때문이다. 재무적으로 여러 차례의 사고를 겪고 나서야, 더 나은 시스템이 필요하며 모든 문제를 내 방식으로 해결할 수 없음을 이해할 수 있었다. 〔수익〕에 대해 숙달했다면 이런 비통한 경험은 일어나지 않았을 것이다.

〔수익〕에 대해 숙달하라고 책의 장마다 강조한 이유를 알겠는가? 먼저, 기업의 재정 건전성을 높일 수 있다. 수익성 확보를 위해 돈을 비축할 수 있고, 위기 상황에 대비한 현금이 만들어지며, 경영상 문제가 생겨도 실제 감당할 수 있는 범위를 넘어서지 않는다. 여기에는 급여 지급도 포함된다. 월간 혹은 분기 실적이 좋지 않을 경우 비상 계획을 수립하면서 미리 준비한 지불준비금으로 급여를 충당할 수 있었다. 이렇게 한계 내에서 비용을 지출하고 나서야 사원 고용을 고려해야 하는 것도 깨달았다. 이처럼 수익은 건실한 사업에 필요한 토대이며 위험 감수에 대한 보상이다.

뱁슨대학Babson College에서 2016년 발표한 "글로벌 기업가 정신 모니터Global Entrepreneurship Monitor, GEM" 미국 보고서에 따르면 2016년도 기준 약 2,500만 명이 사업을 운영하는 것으로 나타났다. 즉, 미국 인구의 7.7퍼센트가 CEO란 뜻이다. 당신이 지금 사업을 운영한다면, 위험을 감수하는 엘리트 집단에 속한다 생각해도 좋다. 나머지 90퍼센트의 이들은 당신이 받아들인 경영상 도전을 받아들이기 어려워할 것이다. 그리고 자신만의 사업 아이디어가 있다 해도 실행을 주저할 것이다. 무에서 유를 창조하려는 용기를 발휘하지 못할 것이다. 책 앞에 썼듯 당신은 슈퍼 히어로다. 수익은 당신의 용기, 위험 감수 그리고 나머지 90퍼센트에게 일자리를 제공한 것에 대한 고귀한 보상이다.

4장에서는 〔수익〕을 강화하기 위해 당신이 충족해야 할 다섯 가지 욕구를 살펴볼 것이다. 여기서 언급되지 않은 고유한 욕구가 필요할 수도 있다. 하지만 일단 여기의 다섯 가지 욕구에 '먼저' 초점을 맞춰 보기 바란다. 다른 욕구까지 자연스레 해결될 것이다.

욕구 6 | 부채 청산

✕

"기업이 부채를 늘리지 않고
지속적으로 상환하는가?"

내 소득을 먼저 챙기는 '수익 먼저'를 실행하기 전까지 나는 항상 빚에 허덕였다. 그날도 소득 없는 미팅을 마치고 라디오를 들으며 집에 가는데 어떤 광고가 내 귀를 사로잡았다.

"미국 1인당 부채는 평균 7,000달러입니다."

순간 나는 이렇게 중얼거렸다.

"아, 나도 평균이 되고 싶다. 평균에 끼고 싶다…"

그때 나는 신용카드 대금만 7만 5,000달러였고, 한 친구에게만 3만 5,000달러를 빌린 상태였다. 1년 사이에 한도를 다 채운 중소기업청 대출도 25만 달러나 있었다. 당연히 최소 상환액도 낼 수 없었다. 얼마 전엔 다른 친구가 몇 달 치 집세와 생활비에 보태라고 3,000달러짜리 수표를 써 줬다. 매일같이 '떼인 돈 받아 주는' 곳으로부터 가시 돋친 목소리의 전화와 우편물이 나를 찾았다.

과거의 영광스러운 나는 수백만 달러 규모의 기업을 두 개나 키워서 매각했었다. 하지만 라디오 광고를 듣는 나는 그 돈을 3년 만에 모두 잃은 상태였다. 쓸데없는 자존심과 망할 오만 때문에. 나는 사업의 귀재이자 역대 최고의 엔젤 투자자임을 자부했다. 그렇게 대출을 마구 끌어 쓰다가 결국 모든 것을 잃었다. 아내와 아이에게 실패를 고백한 뒤 아홉 살 난 딸이 나를 돕겠다며 돼지 저금통을 내밀었다. 더 이상 내려갈 곳도 없었다. 이제 내 선택에 대해 냉정히 돌아볼 수밖에 없었다.

4장을 시작하면서, 위험을 감수하고 과감히 사업을 시작한 당신의 용기에 찬사를 보냈다. 하지만 경영자로서의 그 추진력이 당신과 기업을 크나큰 곤경에 빠뜨릴 수도 있다. 다가올 대규모 계약이나 판매로 상황이 역전될 것이라 되뇌며 늘어나는 빚더미를 정당화하거나 애써 무시하는 경우 말이다. 그 자세가 쓸데없는 자존심이든, 희망적이고 낙관적인 인생관이든 이런 경향은 너무나 많다. 경영상 비용을 내기 위해 계속 빚을 진다면 현금흐름이 언젠가 뒤집히고, 기업이 버틸 수 있는 시간과 체력은 점점 줄어든다.

지금 빚을 지지 않고 쓸 돈이 없다면 그만큼 기업이 어려운 것이다. [수익]의 기본 욕구가 충족되지 않은 상태다. 이를 해결하려면 두 가지 조치, 즉 비용 절감과 마진 증대 중 하나를 선택해야 한다.

비용 절감은 부채를 더하지 않는 것부터 시작한다. 이를 위해 경영상 지출과 당신이 필요로 하는 최소한의 금액이 얼마인지 분석해야 한다(정말 최소한의 수준이어야 한다). 그다음 '쇠뿔도 단김에 빼는' 식으로 모든 비용을 줄여야 한다. 내 경험상 가장 효과적인 방법이 있다. 월 지출액을 정하고 거기에 10퍼센트를 곱한 비용만큼을 사업상 지출에서 완전히 줄이는 것이다. 그다음 새로운 월 지출액을 계산해 10퍼센트 절감을 반복한다. 절대 회복할 수 없는 피해가 아닌 이상 많은 비용을 절감할 수 있다. 여담으로, 인간다움을 버린다면 더 쉽고 빠르게 비용을 줄일 수 있다. 하지만 인간은 지출을 정당화하고 이미 소유한 것에 매달리는 데 익숙하다.

예전에 한 경영자가 내게 도움을 요청했다. 수백만 달러 규모의 유통 사업이 어째서 재정적으로 곤경에 처했는지 알아낼 수 있도록 캘리포니아주에 있는 자신의 사무실에서 하루를 같이 있어 달라는 부탁이었다. 공항에 도착하니 그는 새로 구입한 아우디 R8을 몰고 마중 나와 있었다. 자동차에 대해 잘 모르는 독자를 위해 설명하면, 조지 워싱턴(1달러) 18만 5,000명을 모아야 R8을 살 수 있다.

그 R8으로 인해 첫 솔루션을 너무나도 쉽게 알려 줄 수 있었다. 그 18만 5,000달러의 차부터 팔라는 것이었다. 그날 오후 우리는 사업의 민낯을 낱낱이 살피며 'R8 같은' 기회 수십 개를 찾아냈다. 그는 그러한 기회에 대해 전혀 모르고 있었다. 능력이 부족해서가 아니다. 외부의 시각으로 자신을 냉정히 들여다보는 건 누구에게나 어렵기 때문이다. 내가 전문가 코칭을 강력히 추천하는 이유다.

여기서 잠깐, 당신에게 사원을 고용할 여력이 있는지 확인하는 방법을 소개한다. '뉴페이스'라는 계좌를 새로 만들어(다른 이름을 써도 좋다) 일정 급여 수준의 금액을 달마다 넣어 보라. 이 방법이 유용한 이유는 경영상 그 직무를 유지할 현금흐름이 있는지를 쉽게 확인할 수 있기 때문이다. 특히 영업직의 경우 아무리 능력이 좋아도 입사 첫 달에 반드시 매출을 만들기 어렵다. 당신이 영업직을 채용할 생각이라면 '뉴페이스' 계좌에 적어도 6개월 치 정도의 급여를 준비하는 게 좋다. 월 지출에 여유가 있는지도 확인할 수 있고, 새로 뽑은 영업직이 실적을 낼 때까지 기간에 급여를 마련할 수 있다.

부채 청산이 최우선 과제라면, 최악의 경우 당신의 몫까지 줄여야 할 수도 있다. 우리에겐 각자 멋지게 살아야 할 인생이 있고 특전을 누릴 자격이 있다(경영자라면 더 그렇다). 하지만 기업을 빚에 허덕이게 만드는 가장 큰 원인은 바로 특전을 과하게 챙기는 사고방식이다. 더는 부채가 생기지 않고 돈을 모아 기존 부채를 갚을 수 있도록, 사업과 더불어 당신의 라이프스타일도 조정해야 한다.

다음으로 할 일은 '부채상환' 계좌를 따로 운영하는 것이다. 경험상 해당 분기 수익에서 95퍼센트를 부채 상환에 쓰고 5퍼센트를 '사장의 몫'으로 두는 게 좋다. 기업이 어려워도 기업의 최대 주주는 당신임을 기억하라. 당신이 계속 경영을 하기 위해서는 얻는 것이 있어야 하지 않는가? 그 '5퍼센트'가 비록 적을 수는 있어도 특전을 향한 목마름엔 얼마간 도움이 될 것이다. 부채를 상환하려면 쓸 수 있는 돈이 현재 지출보다 많아야 한다.

데이브 램지Dave Ramsey의 '눈덩이 빚 갚기debt snowball' 프로세스도 부채 상환에 활용할 수 있다. 한마디로 작은 빚부터 해결하는 방법이다. 실제로 작은 대출부터 상환하면 대출 하나가 가장 빨리 사라진다. 물론 이자율이 높거나 만기가 빠듯한 대출부터 갚는 게 타당하지만, 작은 것부터 정복해 즉각적인 성과를 내면 동기부여가 된다. 램지의 방법이 논리적으로는 최선의 방법이 아닐지도 모른다. 하지만 인간의 행동 관점에선 나름 효과적인 방법이다.

그래서 빚에 허덕이던, 엔젤 투자자는커녕 나쁜 놈 근처에도 가지 못했던 나는 어떻게 됐을까? 먼저, 나는 빚을 갚는 순간 자체를 빠짐없이 즐겼다. 대출 하나가 사라지는 짜릿함은 돈을 쓰며 얻은 어떤 만족보다도 컸다. 당신에게도 이러한 과정이 계속 이어져야 한다. 부채를 안 만드는 게 최선이지만, 언제라도 대비할 수 있게 부채 청산에 대한 근육을 키워야 한다. 램지가 말한 것처럼 사업이 성장할수록 점점 더 큰 대출을 갚았다. 분기마다 수익 분배로 부채를 상환하고 5퍼센트로 위로를 얻었다. 그렇게 주택담보대출을 제외하고 모든 빚을 갚았다.

이 책을 쓰는 지금 우리 가족은 새 집으로 이사한 지 2년이 지났고, 나는 30년 만기 주택담보대출을 10년 먼저 상환하기 위해 서두르고 있다. 저축과 투자를 늘리는 게 타당하지만 무언가를 빚 없이 완전히 소유했다는 느낌은 확실히 마음을 가볍고 자유롭게 한다. 빚이 없다면 경제적 자유의 큰 부분을 이뤘다는 의미다. 그러나 다른 사람에게 빚지는 것을 무작정 경계하고 걱정하지는 말라. 동기 요인이 될 수도 있다.

오멘 | 부채 '0'으로 만들기

×

당신은 방금 〈픽서 어퍼Fixer Upper〉(낡고 저렴한 집을 리모델링해 의뢰인에게 근사한 집을 선사하는 프로그램_옮긴이) 첫 회를 보고 새로운 사업을 꿈꾼다. 낡은 집을 싸게 구해 단장한 다음 비싸게 되파는, 일명 '플리핑 하우스flipping house' 사업이다. 주변에 봐도 단장을 기다리는 집은 수없이 많다. 문제는 당신에게 밑천이 없다는 사실이다. 지금 당신의 사업은 대출에 의지하는 중이다. 수중에 현금은 전혀 없고 부채는 총 10만 달러다. 하루 벌어 하루 먹는 식으로 살아가는 셈이다. 이제는 달라지고 싶다. FTN 분석 결과 '부채 청산'이 필수욕구로 확인됐다.

목표 ▶ 플리핑 사업을 통해, 건당 판매가에서 5퍼센트를 부채 상환에 쓸 것이다. 평균 판매가가 30만 달러니, 건당 1만 5,000

달러를 상환하는 셈이다. 이렇게 일곱 번째 거래에서 모든 부채를 상환할 것이다. 수익을 가져온다면 부채 자체가 나쁜 건 아니다. 당신이 부채에 의존할 정도면 문제가 되지만. 어쨌든 당신은 차차 대출을 없애고 돈을 모으겠다고 결심했다. 다만, 지역 평균 집값의 최소 20퍼센트는 현금으로 보관할 생각이다. 이를 통해 경영상 결정을 단호하게 내릴 수 있으며, 집을 구매할 때 필요 이상의 수단을 고민할 필요가 없어질 것이다.

측정 ▶ '플립자금FLIP FUNDS'이라는 이름으로 계좌를 새로 만든다. 당신은 1년 내에 이 계좌에 4만 8,000달러 이상을 채울 예정이다. 4만 8,000달러라는 기준은 구매 후 집 수리비가 보통 4만 달러라는 것에서 착안했다.

평가 ▶ 이 사업은 돈이 정기적으로 들어오지 않는다. 집을 구매해서 수리하면 바로 돈이 나가지만, 집을 판매해야만 돈이 들어온다. 이를 감안해 두세 달에 한 번 거래가 이루어질 때마다 '보고 및 평가'를 실시하기로 했다.

육성 ▶ 지금 당신은 1인 기업을 운영한다. 재무상 조언을 해 줄 이가 없다. 대신 방법이 있다. '1,000달러'라고 쓴 돌멩이 100개를 회의실 탁자에 가지런히 둔다. 그리고 집이 팔릴 때마다 부채 상환액만큼의 돌멩이를 치운다. 돌멩이 100개가 모두 사라지면 빚더미도 모두 사라진다는 뜻이다. 시각적 효과를 노린 방법이다! 또한 "무슨 일이 생겨도 20퍼센트 지키기!"라고 적힌 현수막이나 종이를 사무실에 걸어 두자. 여기서 20퍼센트는 집을 판매할 때마다 '플립자금'에 즉시 이체할 금액을 의미한다. 거래가 성사될 때마다 '플립자금' 잔고를 실시간으로 게시판에 반영하라.

결과 ▶ 1년 후, 당신은 집을 몇 채 판매했고 '플립자금'에는 20만 달러가 넘는 돈이 모였다. 이어서 17만 5,000달러짜리 집을 구매해 4주간의 수리 후 25만 달러에 팔 수 있는 좋은 기회가 찾아왔다. 지금 당신의 상황은 어떤가? 집을 구매하기 위한 계약금 20퍼센트에 쓸 현금이 충분하다. 이에 더해 집값을 모두 치르고 나서도 수리에 쓸 2만 5,000달러가 남아 있다. 그런데 가장 멋진 상황이 남았다. 바로 돌멩이가 하나도 없는 회의실 모습이다.

욕구 7 | 수익 건전성
✕
"기업이 건전한 이익률을 얻으며
제품과 서비스 개선을 지속적으로 모색하는가?"

고객은 당신이 돈을 많이 벌길 원한다. 뭔 소리인가 싶다. 물론 고객이 "한 푼도 남김없이 내 주머니를 털어 가세요"라고 말하진 않을 것이다. 한마디로, 오래 살아남아서 자신이 산 물건을 오래오래 신경 써달라는 말이다. 고객은 자신이 구매한 물건을 만든 곳이 망하면 어쩌나 걱정하는 일이 없길 바란다. 당신의 기업이 자리를 지키며 고객을 오래 지원하고, 돈을 많이 버는 유일한 방법은 '영구적인 수익성을 확보하는 것'이다.

사업 초창기, 나는 물건 가격을 올리는 데 늘 불안해했다. 여느 경영자처럼, 가격을 올리면 고객을 잃을 것 같다는 생각이 들었기 때문이다. 하지만 이러한 불안함을 감내하고 기업을 유지하기 위해 '필요한 수준'으로 가격을 올리니 고객은 움직이지 않았다. 오히려 더 좋은 고객이 찾아오기도 했다. 놀라운 사실이었다.

수공예 칼집을 만드는 헤지호그레더웍스Hedgehog Leatherworks의 폴 쉐터Paul Scheiter 이야기를 하려 한다. 내 지난 책을 읽었다면 매우 낯익은 이름일 테다. 쉐터는 매우 신중하고 보수적인 사람이다. 감수할 위험이 있다면 숙고한 다음 면밀한 계획을 세워 큰 위험이 거의 없게 만든다. 이런 성향의 사람이라면 칼집을 만드는 데 온갖 정성을 기울였을 텐데, 칼집을 겨우 75달러에 판매했다. 실제로 그의 칼집을 보면 예술 작품 수준이다. 재료비는 25달러에 작업에만 5시간이 걸린다. 하루 꼬박 작업을 해 칼집을 팔면 쉐터에겐 시간당 10달러의 순이익이 남는다. 문제는 그 10달러가 장비 구입비 및 수리비, 임차료 및 공과금, 파트타이머 인건비, 부대비를 빼고 나온 금액이 아니란 점이다. 그 신중하고 보수적인 사람이 이런 계산에는 눈이 어두웠다. 그의 계산에는 재료비만 있었기 때문에 칼집 한 개를 팔 때마다 50달러를 번다고 착각했다. 나는 그를 만나러 미주리주 세인트루이스로 날아갔다. 쉐터와 이사회 멤버(그의 어머니와 새아버지)를 만나 경영상 냉혹한 현실에 대해 이야기했다.

"가격을 75달러에서 349달러로 올려야 해요. 이윤 폭이란 게 재료비와 작업 시간의 네 배는 돼야 합니다."

수익성 있게 사치품 사업을 하려면 4배의 이윤 폭은 '아주 일반적인' 수준이다. 진중한 성격의 쉐터는 그렇게 가격을 크게 올리면 단골이 화낼 것을 걱정했다. 나는 논리로 설득할 수밖에 없었다. 재료비는 25달러, 인건비는 시간당 10달러에 6시간을 곱해야 하니(다른 작업자가 쉐터의 속도를 따라오지 못하기에) 이를 합하면 85달러가 나오고, 여기에 이윤 폭 '4'를 곱하면 340달러가 나온다. 그런데 340달러나 349달러나 기본적으로 같은 수준으로 여기는 경향이 있으니, 수익을 최대화할 수 있게 349달러라는 가격이 나온 셈이다.

"칼집 가격을 올리지 않으면 사업이 망해 당신은 빚더미에 앉을 겁니다. 대부분의 사람들은 가격 인상을 해도 크게 알아차리지 못할 거예요. 심지어 어떤 사람은 '왜 이렇게 오래 걸렸어?'라고 말할 겁니다. 가격 인상에 실망한 고객이라면 그저 저렴한 제품을 찾아갈 거예요. 당신은 싸구려 제품만 찾아다니는 고객을 원하나요?"

쉐터는 이내 조언을 따랐다. 349달러에 첫 판매는 순순히 이루어졌다. 가격 인상에 대한 불만이나 문의는 전혀 없었다. 오히려 수요가 네 배 넘게 늘어났다. 소비자들은 가격이 비싸면 제품도 자연히 좋을 것이라 여기니, 쉐터가 실제 가치를 칼집 가격에 반영하자 진가가 뒤늦게 드러난 셈이다. 그리고 더 많은 고객이 칼집을 구매했다. 가격을 올린 것 하나로 쉐터는 영구적 수익성을 확보했다.

나는 PFP와 함께 800여 명의 회계사 및 회계 담당자를 상대로 일한다. 대부분의 경우 우리는 그들에게 서비스 가격을 올리라고 조언한다. 당신도 알다시피, 제품과 서비스에 더 많은 돈을 쓰는 고객일수록 그 결과에 더욱 귀속된다. 비싼 값을 치를수록 자신의 선택이 성공적이어야 하기 때문이다. 물론 고객에게 바가지를 씌우라는 뜻은 아니다. 고객과 당신에게 모두 공정한 가격을 정정당당하게 청구하라는 것이다. 제품은 파는 것이지 바치는 것이 아님을 기억하라.

오멘 | 경쟁사보다 투자금 빠르게 회수하기

×

이젠 실내 인테리어에서 LED 조명 사용이 매우 보편화됐다. 이를 보고 당신은 LED 조명 판매에 주력하기로 했다. 문제는 단 하나, 형편없는 마진이다. FTN 분석을 통해 BHN에서 필수욕구를 찾으니 '수익 건전성'이 나왔다.

목표 ▶ LED 조명 마진을 높여, 회사 현금 수익률 20퍼센트를 달성하기로 했다(지금은 0퍼센트). LED 조명 거래 건당 마진은 약 17퍼센트다.

측정 ▶ 현금 수익률 20퍼센트를 달성하기 위한 계산 결과, LED 조명 마진을 두 배로 높여야 했다(마진이 17퍼센트에서 35퍼센트로 올라간다).

평가 ▶ LED 조명 판매 자료를 매주 검토했다. 첫 주 자료를 보니 마진의 대부분은 주문형 제품에서 발생하고, 실제로 손해가 나는 제품은 표준형 제품이었다. 두 달간의 검토 끝에, 주문형 제품을 통해 최대 마진을 달성할 수 있음을 확인했다.

육성 ▶ 주문형 제품 판매를 늘리기 위해 매장 앞에 제품을 따로 돋보이게 전시했다. 매일 회의 전에는 '전날 평균 수익률'을 모두가 크게 외치기로 했다. 지난 두 달간 일일 평균 수익률은 17~18퍼센트였다. 그러나 팀의 적극적인 노력으로 마침내 "23퍼센트!"라고 외치는 날이 찾아왔다.

결과 ▶ 구성원 모두의 통찰을 바탕으로 새로운 전략을 실행한다. 주력 제품이 돋보이도록 매장 배치를 바꾸는 등의 노력으로 마진이 31퍼센트로 올랐다. 취급 제품도 단순화했다. 이제 당신의 목표는 '35퍼센트'가 됐다.

욕구 8 | 거래 횟수

×

"고객이 기업의 제품과 서비스를 반복적으로 구매하는가?"

경영자 대부분은 제품과 서비스의 범위를 최대한 확대하려 한다. 어렵게 확보한 고객에게 최대한 모든 것을 제공하길 원하니 제품이나 서비스를 확대하려 한다. 문제는 당신이 모든 고객에게 능숙하게 대처할 수 없다는 것이다. 모든 제품과 서비스에 시간과 자원을 합리적으로 할당하는 것 역시 매우 어렵다. 제품과 서비스의 수를 줄이고 틈새시장의 특정 고객만을 겨냥하는 것이 가장 효율적인 경영 솔루션 중 하나인 이유가 여기에 있다. 다양한 고객에게 더 많은 제품과 서비스를 제공하면 투입해야 할 시간과 자원이 엄청나게 늘어나기 때문이다.

나는 예전부터 경영에서 '최적의 접점sweet spot'을 찾는 것에 대해 설명했다. 최적의 접점이란 '이상적인 고객의 욕구와 기업의 고유한 능력 및 효율성이 일치하는 지점'이다. 최적의 접점에 초점을 맞추면 경영에 필요한 시간과 자원이 크게 줄어든다. 고객 만족도가 높아지는 것은 덤이다.

언젠가, 고객 확보를 주제로 연설을 해야 하는데 뭔가 어색했던 때가 있었다. 전국장례지도사협회National Funeral Directors Association가 주최한 자리였으니 그럴 만도 하다. 실제로 나는 양키스스타디움에서 장례지도사들 앞에서 연설을 했다. 고객이 서비스를 더 자주 구매하도록 하는 방법에 대해서. 모든 사람은 한 번 죽지 두 번 죽지 않는데도 말이다!

서비스업에서 구매 횟수를 늘릴 수 있는 대표적 방법은 몇 가지 있다. 먼저, 같은 고객에게 반복 구매를 유도하는 방법인데 장례지도사에게는 어떨까? 그리 효과적이지 않을 것이다. 두 번째는 보완 제품과 서비스를 제공하는 방법이다. 업종에 따라 두 가지 방법을 모두 사용하는 경우도 있다. 나는 연설에서 두 번째 방법을 제시했다. 관이나 꽃, 추가 서비스 등이 해당된다. 여기서 더 나아가 어느 장례식장은 화가를 고용해 기념비에 그림을 그려 주고 수입의 일부를 가져가기도 했다.

거래 횟수를 늘릴 때 유의해야 할 점이 여기서 나온다. 제품과 서비스 품질이 떨어지지 않는 한도에서 거래를 늘려야 한다는 것이다. 다시 말해, 고객이 좋아 죽을 정도의 제품과 서비스를 만들고, 그 수준을 유지하면서 더 많이 거래할 방법을 찾아야 한다.

오멘 | 단골 고객이 '더 자주' 돈 쓰게 만들기

×

당신은 가드닝^{gardening} 서비스를 운영 중이다. 고객들은 당신의 서비스에 매우 만족한다. 문제는 단 하나, 사람의 도움 없이도 식물은 비교적 잘 자란다는 사실이다. 고객 만족도를 지금 수준으로 유지하는 동시에, 의뢰 건수를 늘려야 하는 과제가 생겼다. 물론 서비스 종류를 지나치게 늘리면 안 된다. 이번 필수욕구는 '거래 횟수'다.

목표 ▶ 현재 고객의 내년 서비스 예약 비율을 50퍼센트로 늘리다
（지금은 20퍼센트）. 즉, 현재 고객 중 30퍼센트가 내년 서비스 예약을 추가로 해야 한다.

↓

측정 ▶ 업무 현황에 재구매 고객 수치를 추가해 확인한다. 이를 보고 목표 달성 기한을 1년으로 정했다.

↓

평가 ▶ 재구매 고객 수치는 월 단위로 검토하기로 했다.

육성 ▶ 매달 평가를 통해, 한 팀원이 '유지 보수 서비스' 추가를 제
안했다. 실제로 많은 고객이 물 주기나 잡초 제거를 귀찮아
하는 건 사실이니까. 문제는 해당 서비스가 마진은 적고 경
쟁은 치열하다는 것이다. 관리해야 할 서비스가 하나 더 생
긴다는 우려도 있었다. 그러자 다른 팀원이 '보증 서비스'를
제안했다. 식물이 죽거나 예측할 수 없는 날씨로 인해 정원
이 망가질 경우 피해를 복구해 주자는 것이었다.

결과 ▶ 신규 고객의 25퍼센트가 '연간 자동 갱신'되는 보증 프로그
램에 가입했다. 매출도 늘었고, 고객에게 새로운 서비스 아
이디어에 대해 설명할 시간과 기회도 늘어났다. 이제 당신은
보증 프로그램 매출의 일부를 '보증 서비스' 계좌에 따로 저
축한다. 고객이 보증을 요구할 때 사용하기 위해서다. '사장
의 몫'도 자연히 늘어날 것이다.

욕구 9 | 수익성 있는 레버리지

✕

"부채는 예측 가능한 수익성 증대를
목적으로 사용되는가?"

기업의 창업이나 성장 단계에서, 수요보다 생산능력을 확대하면서 빚
을 질 때가 있다. 일반적인 상황이고 효과적인 성장 방법임은 확실하
다. 문제는 이러한 투자가 수익으로 전환되는 데 걸리는 시간을 제대

로 예상하지 못하는 경우가 많다는 것이다. 수익화가 예상보다 늦어질 경우를 대비해 추가 자금처를 뚫거나 긴축 대책 등을 마련해 두는 기업은 매우 드물다.

수익의 기회를 위해 활용된다면 부채는 분명 유용한 도구다. 레버리지효과라는 말이 괜히 있는 게 아니다. 정해진 기간 내에 더 큰 수익이 생긴다는 보장이 있다면 당신은 부채를 지렛대로 활용할 수 있다. 그러나 대부분의 기업은 지렛대로 활용하지 못한다. 부채를 활용하지 못하고 매여 있다. 부채가 사업 운영이나 판매 제품의 비용을 충당하는 데 사용된다면 100퍼센트다.

NYSSF New York State Solar Farm 의 앤서니 시카리 주니어 Anthony Sicari Jr. 는 부채를 지렛대로 잘 활용하는 경영자다. NYSSF는 태양광 패널 제조사인 선파워 SunPower 의 특허 사용권을 가졌다. NYSSF는 선파워로부터 패널을 묶음으로 구매하는데, 한 묶음에 패널은 80장이고, 묶음당 가격은 약 7만 5,000달러다. 참고로 한 가구에 태양광 설비를 설치하려면 평균 25장의 패널이 들어가므로 묶음을 다 쓰려면 최소 서너 가구에 설치를 해야 한다.

기업에서 7만 5,000달러의 비용을 써야 한다면 빚을 지는 경우도 있을 것이다. 그런데 시카리는 그렇게 하지 않았다. 비용을 한 번에 지불하지 않고 매주 2만 5,000달러씩 나눠 내는 협상을 했다. 그 덕에 패널을 빠르게 받아 설치비를 회수할 수 있었다. 현금흐름이 플러스가 된 것은 당연하다. 즉, 돈이 나가기 전에 돈을 받은 경우다.

여기서 시카리는 한 걸음 더 나아갔는데 매우 현명한 조치였다. '재고' 계좌를 따로 만든 것이다. 시카리는 설치비를 받을 때마다 일부를 '재고'에 넣었고, 매주 선파워에 지급할 2만 5,000달러를 이 계좌에서 해결했다. 나와 만났을 때, 그는 해당 계좌에 약 4만 달러가 있다고 했다. 이 비용은 해당 사업에서 NYSSF가 완전히 앞서 있음을 의미했다. 수금에 문제가 생긴다 해도, 갑자기 패널을 많이 구매해야 할 때도 대응이 가능하다.

오멘 | '빚' 제대로 활용하기

×

당신은 가게 간판을 제작해 판매 중이다. 주 거래처는 카페나 와인바다. 거래처 특성상 간판 디자인이나 문구의 유행이 자주 바뀌는 편이다. 새로운 트렌드가 유행하면 거기에 올라탈 준비를 해야 한다. 이번 필수욕구는 '수익성 있는 레버리지'다.

목표 ▶ 간판 제작으로 연 매출 50만 달러 내기다. 이를 위해 신규 비용으로 2만 5,000달러가 필요하다. 업계 특성상 제작비보다 광고비가 더 많이 들고, 트렌디한 간판을 판매하려면 소셜 미디어 등에 추가 광고를 해야 한다는 판단에서 나온 금액이다.

측정 ▶ 추가 광고로 수익이 얼마나 증가할 수 있는지를 측정해야 한다. 매출이 좋은 제품을 대상으로 비용을 높여 가며 광고 효과를 측정한다. 100달러에서 시작해 500달러까지 집행한 결과 유의미한 효과를 보였다. 이제 2만 5,000달러 대출을 신청한다.

평가 ▶ 기회를 기다리는 것 외에는 할 일이 없다. 만약 기회가 오면 활용해 결과를 매일 평가한다.

육성 ▶ 자기암시의 일환으로 "나만이 만들 수 있는 간판이 필요해!" 라고 쓴 종이를 책상 앞에 붙여 둔다.

결과 ▶ 어느 날 당신은 유튜브 영상을 보다가 힌 연예인의 인터뷰를 본다. 어제 올라온 영상임에도 조회수가 어마어마하다. 인터뷰 마무리는 이랬다. "마지막으로, 저에게 감사합니다. 제 자신을 믿은 저에게, 이 힘든 과정을 모두 견딘 저에게 감사합니다." 이거다 싶은 생각이 든다. 장소가 어디든, 상황이 어떻든 감사에 대한 메시지는 어울리지 않는 곳이 없다. 그렇게 "나는 내게 감사해 I WANNA THANK ME" 시리즈를 만든다. 몇백 달러로 광고를 돌려 봤는데, 간판이 순식간에 팔렸다. 이제 경쟁사가 비슷한 제품을 바로 따라 만들 것이기 때문에 하루 빨리 판매를 끌어내야 한다. 그런데 팀원 중 누군가가 평가 기준을 수정하자고 했다. 우리에겐 시간이 중요하니 평가 단위를 하루 대신 시간 단위로 좁히자는 것이다. 마침 광고비 1,000달러를 집행해야 했는데, 이때부터 시간마다 효과를 확인했다. 자연히 당일에 간판 제작 준비와 주문이 밀릴 경우를 대비한 계획 실행이 가능해졌다. 2만 5,000달러를 지렛대로 훌륭히 활용한 사례다.

욕구 10 | 지불준비금

✕

"3개월 이상의 비용을 충당할 정도의
현금이 있는가?"

절망적인 기업에서는 모두가 절망적인 일을 한다. 경영에서 절망적인 상황을 피하도록 하는 가장 효과적인 도구는 바로바로 꺼내 쓸 수 있는 현금이다. 즉, 회사에 지불준비금이 충분하다면 뜻밖의 상황이 생겨도 자신 있게 헤쳐 나가도록 해 준다. 그렇다면 지불준비금은 얼마나 필요할까? 월평균 매출의 2~6배가 적당하다. 이 돈을 '금고' 계좌에 따로 준비해 두길 바란다.

내가 지불준비금을 어떻게 활용했는지 살펴보자. 사무실 계약이 끝날 때가 다가왔는데, 임대보다 매입이 더 낫겠다고 판단했다. 마침 매물로 나온 시내 빌딩 하나를 '금고' 돈으로 매입할 수 있었다. 이처럼 지불준비금은 경쟁자보다 기회를 먼저 잡을 수 있게 해 준다. 뿐만 아니라 보유 현금은 그 기업의 가치를 높여 준다.

만약 당신이 기업을 매각해야 하는 상황이면, 당신 기업의 가치를 보여 주는 가장 확실한 요인은 현금 보유량 그리고 사업으로 창출한 현금의 양이다. 지속적인 사업으로 생긴 현금이 은행에 있다면 경영상 논쟁의 여지가 없다. 이렇듯 '금고'가 있어야 현금 자산과 사업

가치가 올라간다. 또한 눈에 밟히는 자잘한 쟁점에 쫓기는 대신 좀 더 생산적인 쟁점에 집중할 수 있어 의사결정도 안정적으로 이루어진다.

그동안 장점만 얘기했는데, 현금이 주는 단점도 있다. 현금이 주는 안정감이 안일함으로 변해 경영상 나쁜 결정이 계속될 수 있다. 그러므로 현금은 아무도(주로 당신) 쉽게 손댈 수 없도록 보관해야 한다. 인출 시 절차를 추가로 두는 식(사업과 연관이 없는 제삼자의 승인을 받아야 함)으로 인출을 귀찮고 성가신 일로 만들면 효과적이다.

오멘 | 3개월 치 운영비 현금으로 바꾸기

×

당신은 그간의 성공으로 수백만 달러 규모의 사업을 운영 중이다. 운영비로는 월 10만 달러 정도가 필요하다. 지불준비금으로는 최소 3개월 치 운영비가 필요하다고 나오지만 규모를 키우는 데 신경 쓰느라 당신이 바로 쓸 수 있는 현금은 15만 달러뿐이다. 필수욕구가 확인됐다. 바로 '지불준비금'이다.

목표 ▶ 지불준비금 목적으로 3개월 치 운영비 모으기다. 운영비가 월 10만 달러니 '금고'에 30만 달러는 현금으로 보관해야 한다. 즉, 현금을 지금보다 두 배로 늘려야 한다.

측정 ▶ '6개월 안에' 현금 30만 달러를 계좌에 보유하는 것이다.

평가 ▶ 매달 10일과 25일에 '금고' 잔액을 확인해 평가한다. 현금 30만 달러를 만드는 방법은 매달 수입의 5퍼센트를 '금고'로

<table>
<tr><td>육성 ▶</td><td>6개월간 보내기다. 다만 6개월 중 적어도 한 달은 실적이 나쁠 것을 감안한다.</td></tr>
</table>

육성 ▶ 재무 담당자와 담당 회계사를 불러 계획을 공유한다. 모두가 '5퍼센트'에 동의했으며 운영비를 절감하는 방안도 논의한다. 특히 재무 담당자는 당신에게 5퍼센트 이체를 독촉할 임무를 맡는다.

결과 ▶ 계획은 항상 어긋나기 마련이다. 한 달로 예상했던 실적 부진이 5개월이나 이어졌다. 고객 수요가 예상치 못하게 꺼졌기 때문이다. 그럼에도 당신은 매달 5퍼센트를 '금고'에 배분하기 시작했다. 목표에는 못 미치지만 기존의 15만 달러보다는 돈이 더 모였다. 하지만 다른 욕구를 해결하기 위해 '금고'를 깨야 할 때가 왔다. 물론 기타 비용을 더욱 절약할 것이고 '금고' 배분 비율을 2퍼센트로 낮춘다. 경쟁사가 줄줄이 망할 정도로 업계 수요가 안 좋았지만 '금고'가 있어 연착륙이 가능했다. 언제 어떤 일이 생길지 모르니 현금이 있어야 한다는 교훈도 얻었다.

생산적으로 빚지는 방법

×

3장에 나왔던 코튼우드커피 대표 리머와의 통화 내용을 소개한다.

"부채를 생각하면 말이죠. 손가락으로 둑을 막은 네덜란드 소년이 된 기분이에요."

그는 부채 청산을 한 동화 내용에 빗대어 말했다(겨울날 심부름을 다녀오다 마을 둑의 구멍을 발견하고 밤새 손가락으로 구멍을 막다 세상을 떠난 네덜란드 소년의 이야기다_옮긴이).

필수욕구를 찾아낸 리머는 '수익 먼저' 원칙과 부채 동결, '눈덩이 빚 갚기' 프로세스를 실행했다. 작은 빚부터 없애기 시작해 점점 더 많은 빚을 갚아 나갔다. 부채 상환은 그에게 자신감을 주었고 더 강하게 경영을 밀어붙이도록 열의를 불어넣었다.

"그동안 빚은 제게 폭포처럼 쏟아지는 '사소한 도덕적 타협'이었습니다. 예전에 저는 누구에게 언제 돈을 갚을지, 기한을 며칠이라도 늦추려 어떤 수표에는 '서명하는 것을 일부러 까먹어야' 할지까지 결정해야 했습니다. 절대 그런 사람이 되고 싶지 않았지만 그렇게 살았습니다."

이제 리머는 청구서가 와도 처리를 미루지 않는다.

"이제 전 도덕성을 완벽히 되찾았습니다."

이에 더해 리머는 FTN 분석에 대한 통찰도 털어놓았다.

"FTN을 쓰기 전까지는요. 항상 앞으로만 나아가고 싶었죠. 끊임없이 토대를 무시했고 거듭되는 착각 속에 살았으니까요. 이걸(FTN) 통해 몇 번이고 필수욕구가 똑같이 나오는 걸 보고 나서야 '이것부터 해결해야 해'라고 인정했어요. 내가 속한 단계가 저 높은 [유산]이나 [영향력]이 아니라는 현실을 인정하는 건 쉽지 않았습니다. 하지만 이젠 기본 욕구를 해결하면 언젠가 그 단계에 닿을 것이라고 생각해요."

통화가 끝날 때쯤, 내 마음에 가장 꽂힌 말이 나왔다.

"있잖아요. 사실 저는 처음으로 제 사업을 즐기고 있어요."

써 놓고 읽어 보니 감격스러울 정도다. 빚에 허덕이며 우울해질 뿐이라면 뭐 하러 사업을 하겠는가? 당신은 빚더미에 앉을 필요가 없다. 걱정할 필요도 스트레스 받을 필요도 우울할 필요도 없다. 그저 기본에만 집중하면 된다.

이것부터 해결하라

FIX
THIS
NEXT

MAKE THE VITAL CHANGE THAT WILL LEVEL UP YOUR BUSINESS

바쁘다고
좋은 조직은 아니다

CEO가
한 달 휴가를 떠나도
문제없는 조직의 비밀

인간의 몸에선 사실상 암이나 마찬가지인 억제되지 않은 세포 성장이 항상 일어나며, 동시에 이러한 성장이 저지된다는 사실을 아는가? 다시 말해, 우리는 '암에 걸리는' 것이 아니라 이미 '암을 가진' 셈이다. 몸이 이를 통제하지 못하고 걷잡을 수 없이 세포가 성장하면 위험해진다.

나는 이 사실을 큰아들 타일러에게 들었다. 실제로 타일러는 잡학에 능통하다. 온갖 것에 대해 모르는 게 없으며 누군가가 도발하면 상대를 여지없이 '박살' 낸다. 심지어 타일러가 열두 살 되던 무렵 나는 그 녀석과의 입씨름을 포기했고, 타일러가 다 큰 지금은 항상 같은 편으로 살아가려 할 정도다. 이 책을 쓰며 타일러에게 〔체계〕에 대해 이야기한 적이 있다. '박식한' 그 녀석은 이렇게 말했다.

"사업도 암과 똑같네요? 문제는 항상 존재하는 법이고, 그 문제를 끝까지 통제해야 하니까요."

생물학에 비즈니스까지 연결한 명답이었다.

체계에 대해 몇 가지 확실하게 정리하고 가자. 먼저, 체계가 시스템을 '창조'할 수 있지만 항상 그렇진 않다. 많은 돈과 시간을 들여 엄격한 절차와 진지한 정책 매뉴얼을 만드는 게 시스템의 전부가 아니라는 뜻이다. 사실 당신 기업도 이미 시스템으로 돌아간다. 개선이 필요할 수도 있고, 관례라는 이름으로 얼렁뚱땅 넘어가는 경우라도 시스템은 시스템이다.

다음은 시스템을 개선하는 이유에 대해서다. 시스템 개선의 이유가 무엇이라 생각하는가? 더 많은 일을 더 빨리 끝내기 위함인가? 당연히 틀린 생각이다. 조직의 효율성을 갖추지 않은 상태에서 더 많은 일을 더 빨리 하려 한다면, 불필요한 업무를 그저 더 많이 하는 셈이다.

많은 경영자는 기회, 성장, 시장 변화에 대응하기 위한 노력으로 더 많은 일을 일으키고 실행한다. 그렇게 다른 사람보다 최소 두 걸음은 앞서 있을지도 모른다. 하지만 경영상 복잡성과 변동성이 커질 때 어떤 영향이 생길지는 깊이 생각하지 않는 경우가 많다. 제품 및 서비스 종류의 확대, 신규 프로젝트 개시, 추가 인력 고용 등의 '복잡한' 조치가 경영상 합리적 선택으로 나왔을 수도 있다. 하지만 결과 예측 역시 복잡해진다. 결코 좋은 상황은 아니다.

〔체계〕를 사업에 적용하면 조직에 자율성이 생긴다. 당신을 비롯해서 어느 한 사람에게 더 이상 의존하지 않는다. 그렇게 당신의 기업은 균형, 견고함, 가변성을 갖춘다. 당신이 〔매출〕과 〔수익〕을 해결했다면 이제 〔체계〕를 통해 당신과 기업 운영을 분리해야 한다. 그러면 당신은 사업을 '등에 짊어지지' 않을 것이다.

경영자로서 나는 '4주짜리', 즉 한 달의 휴가를 세 번 떠났다. 물론 예전의 나는 경영자가 4주간 사무실을 비울 수 있다는 것이 말도 안 된다 생각했다. 지금 생각은 어떠냐고? 경영자라면 1년에 한 번은 4주 휴가를 떠날 줄 알아야 한다고 생각한다. 내 첫 4주 휴가는 12월 7일부터 1월 7일까지였다. 그 후로 나는 매년 그맘때 휴가를 떠난다. 겨울방학으로 집에 돌아온 아이와 함께 시간을 보낼 수 있고, 연말 휴가 시즌 분위기를 온전히 즐기며 쉴 수 있기 때문이다. 나는 처음 4주를 쉬며 많은 것을 느끼고 배웠다. 다행스럽게 경영 사정도 좋아져 다음 해에는 7월에 4주 휴가를 떠났다. 나는 주말이 오면 강연이 없을 때를 제외하고는 무조건 휴식을 취한다. 당신이 놀랄 수도 있다. 대부분의 경영자는 주말에도 일을 하니까.

4주 휴가의 계획은 이랬다. 아내와 함께 캐나다 퀘벡(개인적으로 아메리카 대륙에서 가장 아름다운 도시라고 생각한다)을 여행하고, 유럽에 있는 가족과 친구를 만나기로. 하지만 자연은 우리에게 다른 계획을 내밀었다. 퀘벡으로 떠나기 며칠 전, 아내는 하이킹을 하다 다리에 골

절상을 입었다. 완전 회복까진 1년이 걸렸다. 여행은 취소됐고 우리 부부는 집에 있을 수밖에 없었다. 하지만 예상과 달리 너무나 멋진 시간을 보냈다. 오랜만에 집으로 손님을 초대했고, 뜨끈한 욕조에 누워 일출과 일몰을 즐겼다(이게 다 '사장의 꿈' 덕분이다). 물론 아내의 회복도 도울 수 있었다. 몇 년 전만 해도 엄두도 못 낼 일이었다.

4주간 나는 사무실에 한 번도 나가지 않았다. 발을 다친 사람이 아내가 아니라 나인가 싶기도 했다. 자연스레 내가 몇 주나 몇 달 혹은 계속 일할 수 없다면 어떨까 상상했다. 물론 당신과 내가 더 이상 일하지 못할 날은 꼭 온다. 문제는 그날이 계획된 것인지, 우발적인 상황인지다. 우발적 상황에 대응할 유일한 방법은 단 하나, 조직에 자율성을 부여하는 것이다.

휴가에서 돌아온 나는 그간의 업무 상황을 확인했다. CEO가 자리를 비운 사이 그들은 나름의 방식으로 각자의 역할을 더 열심히 수행했다. 그동안 내가 해 온 방식이 있었기에 새로운 방식을 적용할 틈이 없었던 것이다. 내가 오히려 조직 성장의 장애물이었다. 다만 내가 없던 사이 마케팅은 마구잡이로 돌아가는 중이었다. 오히려 잘됐다. 내가 없어도 일관된 마케팅 전략이 운영될 수 있는 체계가 필요함을 이제 알게 됐으니 말이다. 기업 메시지와 브랜드의 일관성을 위해 내가 그동안 많은 노력을 기울였다는 사실을 다시 확인하는 계기이기도 했다. 무엇보다도 4주간의 휴가로 분명히 깨달은 점은 나를 사업과 무관하게 만들어야 한다는 것이었다.

기업이 당신을 쥐고 흔든다면, 당신은 CEO가 아니다. 대주주 혹은 가장 높은 사람 자격으로 근무하는 존재일 뿐이다. 물론 CEO는 항상 바쁘고 기업 내 누구보다도 많은 일을 한다. 그런데 맥도날드 지점에 가서 CEO를 찾아보라. 주방 안쪽에서 패티를 뒤집지도, 감자를 튀기지도 않을 것이다. 계산대에서 일하지도 않는다. 그렇다고 뒤편에 멋지게 마련된 사무실에도 없다. 맥도날드의 모든 매장은 CEO의 노력과 애정이 아닌 시스템으로 원활하게 돌아간다.

드라마를 보면, 경영자가 자신의 힘을 과시하려 "그냥 해치워 버려"라는 식의 대사를 치는 경우가 있다. 드라마는 드라마일 뿐이다. 실제로 무언가를 그렇게 해치워 버린다면 분명 그것은 쓸모없는 일이다. 헛된 과시 말고, 당신이 없어도 회사가 잘 돌아가도록 사업을 설계해야 한다.

욕구 11 | 헛수고 최소화
✕
"업무의 비효율을 줄이기 위해 지속적으로 적용하는 모델이 있는가?"

로저 둘리Roger Dooley 는 《Friction마찰》에서 택시 업계가 1950년 이후부터 승객 찾기 시스템을 바꾸지 않은 이유를 설명한다. 택시 기사는 잠재 승객을 찾아 거리를 구석구석 누비고, 잠재 승객은 빈 택시를 찾아 이 거리 저 거리를 오간다.

택시를 빨리 잡으려면 차가 붐비는 거리를 찾되 교통이 정체될 정도는 아니어야 함을 우린 잘 안다. 꽤나 까다롭고 어려운 일이다. 고생 끝에 '좋은 장소'에 도착했지만, 이제 당신은 택시를 타려는 다른 이들과 경쟁해야 한다. 어쩌다 택시 기사 교대 시간이 가까워지면 더 문제다. 기사가 새로운 승객을 태우려 하지 않을 것이기에. 거기에 만약 비까지 내린다면? 당신이 아침에 우산을 챙겼길 바랄 뿐이다. 적어도 제일 가까운 지하철역까지는 걸어가야 할 것이기 때문이다.

반대로 당신이 택시 기사라면 승객을 찾아 돌아다니며 시간과 연료를 낭비할 수도 있고, 호텔 앞에서 하염없이 승객을 기다릴 것이다. 반갑게도 승객을 태웠다 하더라도 인적이 드문 지역까지 가야 한다면 다른 승객을 찾기 위해 빈 차로 다시 나와야 한다. 가끔 가 본 적이 없거나 헷갈리는 길을 찾아가야 하고, 승객에게 현금을 받고 거스름돈을 주거나, 가끔씩 말썽을 부리는 카드 리더기를 다루는 일 등 더 많은 일이 기다린다. 책 이름대로 이 모든 상황이 '마찰'이다.

하지만 우버Uber와 리프트Lyft는 시스템을 바꾸었다. 앞에 언급된 마찰과 헛수고를 모두 없앴다. 기사가 승객을 찾아 돌아다닐 필요가 없고, 길에 대한 걱정도, 지불과 관련된 문제도 없다. 기사와 승객 모두가 만족스럽다. 프로세스는 더 순조로우며, 수익성은 더 높아지니 말이다. 모든 것이 원활하게 돌아간다.

택시 업계뿐만 아니라 수많은 기업이 운영 측면에서는 현실에 안주한다. '예전부터 이렇게 해 왔다'는 사고방식에 빠진 채, 프로세스에 문제나 비효율이 없는지에 대해서는 깊이 생각하지 않는다. 기존에 정해진 방식이나 루틴이 강한 업종이라면 더욱 그렇다. 업계에 처음 들어와 매일, 매 순간 시간과 노력이 낭비되는 것을 느껴도 기존 시스템을 따라가야 한다.

구글에는 검색 페이지를 '깔끔히 유지하는' 사원이 있다. 메일이나 뉴스처럼 각 부서에서는 검색 페이지에 자신의 기능을 추가하고 싶어 한다. 하지만 구글의 목표는 빠르고 정확한 검색 결과다. 잡다한 기능은 검색 속도를 늦추고 불필요한 혼란을 가져온다. 구글은 이용자가 그 어떤 것을 찾든 원하는 것을 빠르게 찾는 데 방해가 될 수 있는 모든 장애물과 혼란을 제거해야 했다. 담당자는 검색 페이지를 깔끔히 유지하기 위해, 기업 스스로가 초래하는 무질서에 저항해야 했다. 구글이 막 등장했을 때 라이벌은 야후였다. 야후의 이용자는 검색 페이지의 뉴스, 이미지 등 수많은 콘텐츠와 씨름했다. 구글이 야후를 꺾은 비결은 (고객을 대신해) 헛수고에 맞서 열심히 싸웠기 때문이다. 이제 우리는 인터넷 검색을 구글링 Googling 이라고 표현한다.

모든 사업은 제조업이다. 물건을 만들지 않아도 제조업이란 소리다. 물건을 만들지 않아도 어떤 경험, 즉 최종적인 느낌을 '제조하는' 것으로 생각하면 맞는 말이다. 물건이든 느낌이든 제조에는 일련의 단계가 있다. 무엇을 제조하든 당신은 그 단계를 살펴보고 시간을 잡아먹거나 병목현상이 생기는 곳을 찾아 깨끗하게 정리해야 한다. 물론 이 작업은 수요가 급등할 때도 문제없을 정도로 진행해야 한다. 그렇다고 프로세스 자체를 무턱대고 단순화해서는 안 된다. 기껏 시간과 돈을 들여 정리했는데, 늘어난 수요 때문에 추가로 할 일이 생기거나 수요를 소화하지 못할 수 있기 때문이다.

"모든 것을 가능한 한 단순하게 만들어야 한다. 그러나 지나치게 단순해서는 안 된다."

그 유명한 아인슈타인이 남긴 말이다.

오멘 | 사후 지원 건수 줄이기

×

당신은 컴퓨터 네트워크 장비 설치 일을 한다. FTN 분석 결과 '헛수고 최소화'가 필수욕구로 나왔다. [매출]과는 무관하게 판매 및 설치 이후에 발생하는 문제다. 실제로 신형 장비는 설치 후가 진짜 판매의 시작이다. 고객으로부터 온갖 불만과 사용법 교육 요청이 들어오기 때문이다. 고객의 온갖 질문과 불만을 해결해야 하는, 꽤나 긴 고통의 시간이다. 이 수고로움을 줄여 보자.

목표 ▶ 고객당 평균 지원 건수를 75퍼센트 줄이기다. 현재 사무실로 들어오는 고객 요청은 평균 108건이다. 즉, 25건 이하로 건수를 줄이는 게 목표다.

측정 ▶ 고객별로 얼마나 지원 건수를 처리하는지 실시간으로 추적하기로 했다. 기존에는 지원 건수를 모두 합쳐서 추적했다. 그러다 보니 고객당 평균 건수를 확인하기 위해 여러 보고서를 들여다봐야 했다.

평가 ▶ 평균적으로 설치는 한 달에 약 1건, 사후 지원은 설치 후 약 두 달간 발생하며 매일 약 3건가량 접수된 걸로 나왔다. 앞으로 지원 건수를 하루 단위로 추적해 3개월간 데이터를 쌓기로 했다.

육성 ▶ 기술팀과 설치팀을 대상으로 새로운 목표, 측정법, 평가 사항을 공유한다. 그리고 실질적인 방안을 제안해 달라고 요청한다. 설치 후 빠르게 응대할 수 있도록 일주일간 기술팀이 현장에 대기하기, 동영상 교육 자료 배포, 추가 지원 유료화 등의 아이디어가 나왔다. 그때 뜻밖의 멋진 아이디어가 하나 나왔다. 신형 장비를 설치하는 동안에는 기존 시스템을 이용할 수 없다. 그 설치 시간에 고객사 직원을 대상으로 교육을 하자는 방안이었다. 이를 해 보기로 한다.

결과 ▶ 고객사 대상 교육을 위해 몇 가지 아이디어를 추가로 시도했다. 그중에서도 기존 시연장을 교육장으로 활용한 것이 효과가 좋았다. 고객사 직원은 시연장에서 신형 장비에 대해 교육도 받고 기존 업무도 처리할 수 있었다. 지원팀도 교육에 함께 참여하며 실시간으로 고객을 지원했다. 자연스럽게 설치팀 업무에 대한 방해도 줄어들었다. 장비를 설치하는 사이 참견과 질문을 늘어놓을 고객이 없기 때문이다. 교육을 받은 고객사 직원은 새로운 장비에 대해 확실히 배우고 돌아간다. 그렇게 고객당 평균 건수는 21건으로 줄어들었다. 목표보다 좋은 결과다.

욕구 12 | 역할과 역량의 일치

×

"구성원의 역할과 책임이
각자 역량에 부합하는가?"

마이클 포트Michael Port 와 에이미 포트Amy Port 는 강연 및 연설 교육 서비스를 제공하는 HPSHeroic Public Speaking 의 창업자다. 내 생각에 HPS는 업계에서 세계 최고 수준이다. 세계적 수준의 강사진이 세계적 수준이 되는 방법을 가르친다. 나 역시 HPS를 통해 강연이 퍼포먼스가 될 수 있음을 알았고, 실제로 강연을 나가서도 줄곧 찬사를 받았다.

HPS의 존재를 아는 이들은 많다. 하지만 마이클과 에이미가 공공 극장과 도서관에서 단둘이 운영하던 교육을 불과 8년 만에 사업으로 크게 발전시켰다는 에피소드는 많이 알려지지 않았다. 이제 그들은 다수의 일류 강사와 뛰어난 사원을 고용하고 뉴저지주 램버트빌에 최신 공연 시설을 독립적으로 갖출 만큼 사업을 성장시켰다.

HPS가 구조적 온전함을 유지하면서 규모를 빠르게 키운 방법은 무엇일까? 마이클과 에이미는 [매출, 수익, 체계]를 강화했고 그들만의 추적 방법을 통해 그 기반을 확고히 다졌다. 또 다른 요인은 그들의 용병술이었다. 마이클과 에이미는 새로운 전문가와 더불어 자신들의 기술을 잘 이해하는 사원을 잘 골라내 승진시켰다. 그리고 사원의 포부에도 관심을 기울였다. 그렇게 HSP는 각 단계마다 비약적으로 발전했다. 그들은 HPS GRADHeroic Public Speaking Graduate School 라는 연설자 개발 프로그램의 졸업생을 승진시켰다. 또한 '티칭 펠로십 프로그램Teaching Fellowship Program'을 개발해 수강생에게 가르치는 역할을 부여해 자신들의 시간도 확보했다.

내가 동료 아이레스와 하는 일 역시 마이클과 에이미의 일과 같다(2장에서 내 데님 조끼를 놀린 역할로 등장한 그 아이레스 맞다). 아이레스의 임무는 사무실의 문화를 훌륭히 보완하고 유지시키는 것이고, 내임무는 아이레스가 능력을 가장 유용하게 발휘할 수 있는 역할을 찾는 것이다. 적합한 인재를 찾아 적합한 역할을 주고, 나중에 더 적합한 역할로 인재를 옮기고자 노력하는 것이 똑같지 않은가? 이게 바로 '역할과 역량의 일치'다. 어찌 보면 구성원 관리는 퍼즐 맞추기와 비슷하다. 퍼즐을 완성하려면 정확한 위치에 조각을 맞춰야지, 귀찮다고 억지로 끼워 맞춰서는 완성된 그림을 볼 수 없기 때문이다.

오멘 | 업무 만족도 10점 달성하기

×

이제 당신은 경제경영 분야 작가를 꿈꾼다. 경영상 모든 것이 더할 나위 없이 좋기 때문에 가능한 꿈이지만, 이제 다음 필수욕구를 신경 써야 한다. FTN 분석 결과 '역할과 역량의 일치'가 필수욕구로 확인됐다. 당신은 훌륭한 사원을 데리고 있지만 그들에게서 기대만큼 좋은 성과를 얻지는 못한다.

목표 ▶ 사원 만족도와 기업 효율성을 높일 수 있도록 훌륭한 사원에게 적합한 업무 맡기기다. 목표라 하기엔 모호하다. 그래서 목표를 정량화하기 위해 익명 설문을 실시한다. 질문은 두 개다. "당신은 회사를 얼마나 좋아합니까?(회사 만족도)", "당신은 당신의 업무를 얼마나 좋아합니까?(업무 만족도)" 설문 결과 회사 만족도는 10점 만점에 10점이다. 놀라운 결과다! 업무에 대한 만족도는? 6점이다. 정량화된 목표가 나왔다. 회사 만족도는 유지하고 업무 만족도를 9점으로 높이다.

측정 ▶ 사원마다 즐거워할 일을 최대한 맡겨 보기로 했다. 이를 기본으로 회사 만족도와 업무 만족도의 측정 기준을 마련할 것이다. 물론 늘 좋아하는 일만 할 수는 없겠지만 이를 통해 업무 만족도를 6점보다는 높일 수 있으리라 기대한다.

평가 ▶ 해당 문제는 수개월 혹은 1년까지도 걸릴 꽤나 장기적인 사안이다. 업무 특성상 매일 만족도를 측정하기도 어렵고 유의미한 결과도 나오지 않는다. 대신 특정한 변화를 준 뒤 즉각적인 영향과 반응을 측정하기로 했다. 이에 더해 분기마다 변화에 대한 반응을 질문해 확인할 것이다.

육성 ▶ 업무 분장이 조정될 것이라 내부에 공지한다. 그 전에 각자가 업무 평가표를 작성해 내도록 한다. 먼저, 각자 일에서 가장 시간이 많이 걸리는 업무 10가지를 적고 만족도를 3단계(좋다/보통이다/싫다)로 평가해 달라 요청한다. 그다음 앞으로 맡고 싶은 업무 다섯 가지도 적도록 한다. 각자의 의견을 바탕으로 업무 분장 조정을 하면 된다.

결과 ▶ 업무 평가표를 검토하면서, 누군가는 좋아하지만 누군가는 싫어하는 일이 무엇인지가 나타났다. 업무 분장 조정을 통해 대부분의 사원이 각자의 업무 중 70퍼센트 정도를 좋아하는 일로 채울 수 있었다. 물론 아무도 좋아하지 않는 업무도 나왔다. 이를 위해 해당 업무를 담당할 파트타이머를 뽑았다. 이제 당신이 할 일은 대단한 책을 쓰는 것이다.

욕구 13 | 결과 위임

✕

"문제 해결 권한이
문제와 가장 밀접한 사람에게 있는가?"

미국 대학 캠퍼스 중 아름다움으로서 단연 최고는, 내 모교 버지니아 공대가 아닌 미시시피주립대다. 떠오르는 태양이 무지개 빛깔을 만들어 낼 때 선명한 녹색 풀잎에 맺힌 반짝이는 이슬방울…. 이 정도 설명만으로도 풍경이 그려질 것이다. 미시시피주립대 캠퍼스는 매우 아름답다. 마치 골프장 페어웨이 같다. 완벽하게 손질된 잔디밭과 지저귀는 새소리를 감상하다 보면 세상 모든 일이 순조롭다는 느낌을 받는다. 하지만 이 경관은 철저히 계획된 결과다. 다시 말해 〔체계〕를 통해 만들어진 경관이다.

2000년 초, 미시시피주립대는 SEC^Southeastern Conference (미국 중남부

와 동부 지역 대학의 스포츠 콘퍼런스_옮긴이)의 다른 대학에 비해 입학 경쟁률이 낮다는 사실을 깨달았다. 입학 경쟁률은 높을수록 좋다는 건 당연하고, 자연스레 학교는 외부 영업에 집중할 필요를 느꼈다. [매출]과 비슷하게 들리지 않는가? 맞다. 하지만 입학 경쟁률 문제를 해결하려면 결국 다른 단계의 욕구 또한 바로잡아야 했다. 바로 [체계]였다. 앞서 말했듯이 특정 필수욕구를 해결하면서 자연스레 다른 욕구까지 해결되기도 한다.

특이한 점으로, 미시시피주립대는 FTN 분석을 하지 않았다. 다만 해당 문제를 해결하기 위해 몇 가지 다른 방법을 시도했다. 학생을 대상으로 한 조사에서 명확한 결과가 나왔다. 그 학교를 다닐지 말지를 결정하는 데 캠퍼스 경관이 중요하다는 사실이었다. 즉, 아름다운 캠퍼스가 입학 경쟁률을 높이는 비결이었다. 당시 미시시피주립대 캠퍼스는 SEC 중에서 가장 아름답지 못하다는 평가를 받았다. 이제 목표를 위해 시스템 개선이 필요했다. 얼마나 기존 시스템이 문제였냐면, 약 4제곱킬로미터의 잔디밭을 모두 깎는 데 열흘이나 걸렸다.

관리 책임자 제프 맥마누스Jeff McManus가 개선에 나섰다. 그는 간부 회의나 사례 조사 대신 실무진을 먼저 불러 모았다. 훌륭한 조치다. 문제와 가장 가까운 사람을 모아야만 솔루션에 대한 최상의 아이디어가 나오기 때문이다. 실무진과 분석한 결과, 캠퍼스가 아름답지 않은 이유는 현장 관리직의 의견이 반영되지 않았기 때문이었다.

맥마누스의 첫 번째 조치는 관리직의 사기 높이기였다. 새로운 유니폼을 지급하고 아이디어를 요청했다. 알고 보니 관리직은 캠퍼스가 볼품없는 이유를 정확히 알고 있었다. 거대한 잔디밭을 깎는 데 엄청난 시간이 걸리니 다른 곳에 신경 쓸 시간이 없었기 때문이다. 왜 그렇게 시간이 걸렸을까? 바로 낮게 드리운 나뭇가지와 중간중간 솟은 시설물 때문이었다. 실제로 잔디를 빨리 깎으려면 예초기를 직선 방향으로 이동해야 한다. 그런데 나뭇가지나 시설물을 피하기 위해 수시로 방향을 바꿔야 했으니 자연히 시간이 낭비됐다.

원인을 알았으니 해결만이 남았다. 먼저 나뭇가지는 지면에서 최소 3미터 이상 떨어지도록 정리했다. 예초기를 직선으로 움직일 수 있었고 나무 모양까지 보기 좋아졌다. 쓰레기통은 아예 잔디밭 밖으로 옮겼다. 시설물의 경우 덮개를 둥근 모양으로 바꾸거나, 솔잎을 덮기도 했다. 솔잎을 덮으니 자연스러운 느낌도 들고 상쾌한 향이 났다. 게다가 솔잎 자체가 수분을 많이 머금기 때문에 잔디밭에 물을 주는 횟수도 줄었다. 현장직의 제안이 빠짐없이 반영되니, 기본 관리에 걸리는 시간이 기존보다 절반으로 줄었다. 현장직은 남은 시간을 캠퍼스 미관에 신경 쓸 수 있었다.

만약 BHN을 이용했다면, 미시시피주립대는 〔체계〕 아래의 두 단계(〔매출, 수익〕)가 탄탄한지부터 확인해야 했다. 나는 이번 조치로 학교의 〔수익〕이 강화됐다고 확신했는지 맥마누스에게 물어보았다. 그는 그렇다고 답했다. 실제로 미시시피주립대의 수익 구조는 이미 탄탄했다. 다만 이를 활용하기 위해 더 많은 학생이 필요했던, 즉 〔매

출]의 필수욕구가 존재했다. 그럼에도 〔체계〕부터 해결한 학교의 조
치는 분명 실수다. 가장 낮은 단계에서 가장 영향력 있는 핵심 욕구부
터 해결해야 하니 말이다. 다만 예외도 존재한다. 때로는 여러 욕구가
서로 비슷한 성격을 띨 때도 있으니까.

미시시피주립대는 가장 낮은 단계인 〔매출〕(입학 지원자 감소)을
해결하기 위해 〔체계〕의 다른 문제부터 해결해야 했던 경우다. 그럼
에도 주된 목표는 여전히 〔매출〕의 필수욕구였다. 캠퍼스 경관을 개
선하니 입학 지원자가 극적으로 늘어났고, 18년 연속으로 재학생 수
가 증가해 〔매출〕의 필수욕구는 자연히 해결됐다.

오멘 | 진짜 일하는 태스크포스 만들기

×

당신은 선글라스 공장을 경영한다. 공장에선 매일 약 1,000개의 선글
라스를 생산하는데 최근 들어 문제가 생겼다. 테와 렌즈의 흠집 문제
로 불량품이 매일 100개 가까이 늘어났기 때문이다. 자재비에 인건비
낭비가 심각하다. 해답은 문제에 가장 가까운 사람에게 있는 법.

목표 ▶ 불량률을 0.5퍼센트로 줄이다. 즉, 매일 생산하는 선글라
스 1,000개 중 불량품은 5개만 나와야 한다. 0.5퍼센트는 업
계 최저 불량률이다.

측정 ▶ 일단 한 가지만 측정하면 된다. 1,000개당 불량품 개수다.

평가 ▶ 불량률을 매일 점검하기로 했다. 선글라스 하나가 만들어지

는 데는 25분이 채 걸리지 않고, 매일 1,000개의 생산량으로 개선 여부를 당일에 확인 가능하기 때문이다. 매일 저녁 8시에 보고서가 완성돼 전달될 것이다.

육성 ▶ 보고서 검토 후, 당신은 사원들에게 문제를 설명한다. 그리고 태스크포스를 만들기로 했다. 태스크포스를 구성할 생산직 네 명, 품질관리팀 사원 한 명에게 0.5퍼센트 불량률의 목표와 매일 점검이라는 방향에 동의를 구한다. 동의하지 않는다면 다른 의견을 달라고 한다. 태스크포스는 당신의 방향에 동의했다.

결과 ▶ 공장 곳곳에 모니터를 달고 불량률(어제의 불량률, 오늘의 불량률, 한 달간 불량률)을 공지한다. 태스크포스는 개선 방안을 논의하고 테스트를 한다. 몇 주 뒤 생산직 중 한 명이 지금 쓰는 페인트가 흠집에 민감하다고 보고했다. 페인트를 바꾸자 불량률이 어느 정도 낮아졌지만 목표 수준에는 미치지 못한다. 그러다 다른 사원이 렌즈 깎는 기계에서 불규칙한 소음을 발견한다. 렌즈를 깎는 날이 튀어 소음을 내고 렌즈에 흠집까지 낼 수도 있었다. 태스크포스는 즉시 생산 라인을 멈추고(공장에서 생산 라인을 멈춘다는 건 엄청난 손실을 의미한다) 렌즈 깎는 기계 내부를 확인했다. 온갖 먼지와 쇳가루가 끼어 있었고, 이 때문에 날이 튀는 것이었다. 이를 해결하니 불량률은 즉시 2퍼센트로 떨어졌다. 아직 목표에 도달하진 못했지만 할 수 있겠다는 분위기가 조성됐다.

욕구 14 | 핵심 인력 여유

✕

"핵심 사원이 없어도
업무가 차질 없이 운영되는가?"

2019년 6월 6일, 나는 내 오른팔이자 브레인이었던 아이레스를 떠나보냈다. 그가 내게 얼마나 놀라운 동료이자 친구임을 어떻게 설명해야 할지 모르겠다. 그는 2017년에 내 비서로 합류했고 불과 2년 만에 팀장을 맡았다. 그만큼 똑똑하고 의욕 넘치고 친절했으며 모든 사원에게 사랑과 존경을 받는 존재였다. 2019년 초반까지도 아이레스는 내 스케줄 관리부터 홍보 및 마케팅, 출간 업무 등을 책임졌다. 그에 더해 경영 지원 업무까지 모두 맡았다. 그것도 모자라 팟캐스트 채널 'Grow My Accounting Practice'의 공동 진행자 일까지 해냈다. 그는 해결사처럼 모든 일을 도맡아 했다.

아이레스는 분명 대단한 사람으로 기업의 핵심 사원이다. 하지만 그가 자리를 비우면 모든 일이 마비됐고, 사원들은 그가 돌아오기만을 기다릴 수밖에 없었다. 나도 예외는 아니었다. 수시로 업무에 대해 물어보거나 점검하는 등 항상 그의 시간을 요구했다. 만약에 그가 없으면? 엄청난 재앙이다. 경영이란 특정인에게 의존해서는 안 된다.

앞에서 나는 경영자의 4주 휴가가 주는 효과에 대해 이야기했다. 이 휴가의 목표는 당신 없이도 기업이 돌아가도록 사업을 디자인하는 것이다. 일단 4주의 휴가를 떠나는 순간, 당신의 사업은 완전히 새롭게 보일 것이다. 실제로 많은 경영자가 업무에 치여 수년간(혹은 수십 년간)은 제대로 된 휴가를 내지 못한다. '쉼 없이' 일하면 사업이 잘되리라 생각하면서 몇 년째 '쉼 없이' 일해도 그 '쉼 없는' 노력은 전혀 효과가 없다.

아이레스를 통해 깨달은 또 한 가지는, 4주 휴가는 경영자만의 것이 아니란 점이다. 핵심 사원이라면 4주 휴가를 떠날 자격이 충분하다.

나는 아이레스에게 말했다.

"우린 당신을 보내야 해요. 당신 없어도 회사가 돌아가려면 당신이 떠나야 합니다. 푹 쉬면서 인생에서 꿈꿨던 일을 해 보세요."

아이레스가 4주(나중엔 8주로 늘어났다)의 휴가를 떠나기로 결정된 후, 그의 업무는 '수행'에서 '위임'으로 바뀌었다. 재무 관련 사항, 마케팅과 온라인 관련 업무는 다른 사원에게 적절히 분배했다. 내 스케줄 관리는 새로 사원을 뽑아 인계했으며, 급작스럽게 업무가 생겨도 남은 이들이 해결할 수 있도록 했다. 이러한 '혼란'이 정리되는 데는 6개월이란 시간이 걸렸다. 그 기간 동안 아이레스는 자신의 노하우를 아낌없이 전수하면서, 자신의 모든 업무를 동영상 자료로 남기기까지 했다.

아이레스가 떠날 시간이 왔다. 여행과 봉사 활동을 위해 아시아로 떠나기 일주일 전, 아이레스가 처리할 업무는 없었다. 6개월의 시간 동안 그는 실무자에서 관리자로 진화했다. 조직은 더욱 탄탄해졌다. 8주의 휴가가 끝나고, 아이레스는 CEO로 승진했다. 나는 상근대변인으로 자리를 옮겼다.

우리는 핵심 사원이라면 매년 4주 휴가를 주려 노력한다. 당신도 실천해 보라. 특정 개인에게 경영을 의존하는 함정에 절대 빠지지 말아야 한다. 경영의 플랜B를 항상 쥐고 있어야 한다. 당신이 없어도, 핵심 사원이 없어도 시계처럼 정확하게 운영되는 조직이 〔체계〕를 만족시킨다.

오멘 | 사람이 나가도 두렵지 않은 조직 만들기

×

당신은 마케팅 대행사를 운영한다. 고객의 효과적 광고를 위해 방대한 채널 데이터는 필수다. 현재 데이터 관리와 최신화는 소수의 큐레이션팀에서 전담한다. 팀이 전담할 만큼 중요하면서도 어려운 업무다. 가끔 팀원 중 한 명이라도 자리를 비우면 티가 날 정도였다. 당신의 필수욕구는 '핵심 인력 여유'다.

목표 ▶ 데이터 관련 업무에서 큐레이션팀 의존도를 40퍼센트로 낮
↓   추기다(지금은 80퍼센트).

측정 ▶ 신규 및 기존 비즈니스에 대한 데이터 건수를 추적한다. 당
신은 당신의 건수를 추적하고, 큐레이션팀의 건수는 큐레이션팀에서 추적한다. 매일 수행하는 검증 건수도 중요하지만,

업데이트 건수도 중요하기 때문이다.

평가 ▶ 무엇을 해야 할지 정해지면 하루 단위로 영향을 추적할 수 있다. 당신은 아이디어에 대한 전략을 세우면서 중간 목표를 생성할 것이다.

육성 ▶ 큐레이션팀의 일자리를 보장하되, 그들이 조직 내에서 다른 역할도 수행하도록 지원하기다. 당신은 큐레이션팀 대상으로 목표, 측정법, 평가 횟수를 설명한다. '모든 걸 직접 하던' 루틴에서 큐레이션팀이 벗어나는 건 쉽지 않아 보인다. 그런데 어느 날 팀원 한 명이 속삭였다. "우리도 위키처럼?" 과거에 위키피디아Wikipedia도 데이터 관리 및 업데이트에 문제를 겪었는데, 지금처럼 모든 이들이 데이터를 추가하고 수정하는 방식으로 문제를 해결했었다.

결과 ▶ 회사만의 위키피디아를 만드는 새로운 아이디어를 실행한다. 광고나 마케팅에 필요한 온갖 채널 정보를 볼 수 있으며, 누구나 정보를 추가하고 수정할 수 있게 구성했다. 기존 위키피디아와의 차이는 인센티브다. 정보에 기여하면 이를 평가해 포인트를 주거나 무료로 광고를 제공한다. 이젠 큐레이션팀이 모든 작업을 맡지 않아도 되는 가장 포괄적이고 정확한 데이터베이스가 실시간으로 만들어진다.

욕구 15 | 우월한 평판

×

"기업이
업계 최고로 알려져 있는가?"

제품이나 서비스 선택에서 '우월함'에 가치를 두는 고객이라면, 자신의 선택에 상응하는 대가를 꼭 찾으려 한다. 여기서 아이러니는, 제품이나 서비스에서 우월한 평판을 얻으면 고객은 '을'의 위치가 된다는점이다. 예를 들어 당신이 특수한 심장병을 앓는다면 해당 수술로 유명한 심장외과 전문의를 찾을 것이다. 아무리 예약이 밀려 있어도, 수술비가 비싸더라도 그에게 꼭 수술을 맡기려(부탁하려) 할 것이다.

당신이 제너럴리스트^{generalist}라면 보편적인 고객에 집중하고, 다방면의 기술을 일반적인 수준으로 끊임없이 배워야 한다. 그러나 스페셜리스트^{specialist}라면 특정한 고객에 집중하고, 깊이 있는 배움과 발전으로 제품과 서비스의 개성을 키워야 한다. 다만 스페셜리스트는특정 기술을 깊게 익히기에 훨씬 유리하다. 더 좁은 일에 집중하기 때문이다. 그 결과 스페셜리스트는 보통은 더 우수한 고객을 얻는다. 일을 더 적게, 더 잘하는 것은 〔체계〕의 목표 중 하나이기도 하다.

스테이시 더프^{Stacey Duff}는 자동차 부품 유통사인 PAPCO^{Pacific Ocean Auto Parts Co.}의 CEO다. GM(제너럴모터스) 부품만을 취급해도 연 매출규모는 2,800만 달러다. 놀라운 점은 그들이 부품 가격을 관리하지않는다는 사실이다. 부품 가격은 GM이 정해 준다. 그런데 재고 비용까지 관리하지 않는다. 그 비용 역시 GM이 정해 준다. 이토록 자동차 부품 유통에서 어려운 '영구적 수익성'을 PAPCO는 어떻게 갖췄을까? 그리고 PAPCO가 과연 결정하고 관리하는 것은 무엇일까?

이미 고정된 마진으로 큰돈을 벌 수 없었기에, 더프는 생산의 효율화와 납기일 준수에 승부수를 띄웠다. 이는 효과를 거두었고 GM이 그 운영 비결에 대해 문의하기도 했다. 경영의 우수성을 인정받아 PAPCO는 새로운 곳에 비싼 값으로 인수됐다.

오멘 | 편하고 과감하게 광고하기

×

당신의 식당은 정말 훌륭하다. 당신 혼자서 25가지의 메뉴를 만듦에도 손님들이 모두 맛있어한다. 문제는 옆 가게처럼 손님이 줄을 서진 않는다는 사실이다. 그런데 옆 가게는 오로지 메뉴 하나만 판다. FTN 분석 결과는 '우월한 평판'을 필수욕구로 지목했다. 당신의 요리 실력은 훌륭한 수준이지만, 매일 문 앞에 줄이 늘어서지 않는다는 사실은 고객들이 당신의 가치를 상대적으로 낮게 본다는 증거다.

목표 ▶ 핵심 메뉴로 '확실한 최고'라는 평판 얻기다. 이를 위해 메뉴를 줄이고 핵심 메뉴를 누구보다도 훌륭히 제공해야 한다. 물론 한 가지 메뉴에 약간의 변형을 더해 선택권을 넓힐 것이다. 거창하되 다소 정신 나가 보일 수도 있는 목표다.

측정 ▶ 매출이나 메뉴 다양성을 지표로 할 수도 있다. 하지만 문 앞에 늘어선 손님만큼 확실한 지표는 없다. 옆 가게만큼 줄을 세울 수 있는가?

평가 ▶ 메뉴에 변화를 주고 그 즉시 결과를 측정하기로 했다. 결과가 만족스럽지 않으면 이전 메뉴로 바로 돌아간 다음, 다른 방법을 고민할 생각이다.

육성 ▶ 그간의 매출을 검토하면서 비건 메뉴인 임파서블버거 Impossible Burger 가 매우 많이 팔린다는 사실을 확인했다. 원래는 치킨너겟, 비프패티 햄버거, 핫도그처럼 '입이 즐거운' 메뉴를 주로 팔다가, 임파서블버거는 1년 전에 추가한 메뉴였다. 임파서블버거로 동네 최초의 비건 식당이 되고, 대체육의 맛을 제대로 알리면 해 볼 만하다고 생각했다. 결과 측정을 위해 한 달간 '팝업 스토어' 형태로 운영할 예정이다.

결과 ▶ 이제 한 달간 운영할 비건 식당이 문을 열었다. 기존 고객은 새로운 동네 식당의 메뉴를 확인하러 온다. 그동안 다른 비건 버거를 먹어 보고 장점만을 모아 기존 임파서블버거를 개선했기 때문에 자신감이 있었다. 이젠 메뉴 한 가지만 팔기 때문에 음식이 나오는 속도도 빨라지고 회전율도 높아졌다. 약속의 한 달 후, 당신은 가능성을 확인했고 비건 식당으로 승부를 볼 생각이다. 이제 옆 가게의 손님이 당신의 식당으로 올 일만 남았다.

FTN 실행

×

스테이시 세귄Stacey Seguin은 탭더포텐셜Tap the Potential LLC의 마스터 코치로 그간의 지식과 경험을 통해 고객의 비즈니스를 돕는다. 비 내리던 어느 날 아침이었다. 루이지애나주 알렉산드리아의 탭더포텐셜센터에서 나는 세귄에게 FTN을 소개했다. 그날 이후 세귄은 FTN 분석의 모든 코칭 활동에 참여하기 시작했고, 문제를 파악해야 할 때마다 FTN 분석을 활용했다.

내가 가장 좋아하는 FTN 스토리 중 하나가 세귄으로부터 탄생했다. 바로 세귄이 가드닝 회사인 '아메리칸 랜드스케이프 앤 론사이언스 LLCAmerican Landscape and Lawn Science LLC'의 FTN을 분석한 사례다. 이 회사는 2019년 기준 3,000명 이상의 고객에게 서비스를 제공 중이었다.

'비 내리던 그날'로부터 며칠 뒤, 세귄은 코네티컷주 프랭클린으로 날아갔다. 아메리칸 랜드스케이프 앤 론사이언스의 CEO 스티브 부스케Steve Bousquet를 만나기 위함이었다. 세귄과 부스케는 FTN 분석을 시작했다. 〔매출〕부터 시작해 올라가며 안정적인 사항에 모두 표시를 했다. 36년 차인 그 회사는 〔매출〕과 〔수익〕은 확고했다. 그런데 〔체계〕에서 단 한 가지 사항만이 남아 있었다. '핵심 인력 여유'였다.

상황을 살펴봤다. 회사의 모든 스케줄은 크리스 비숍Chris Bishop 혼자서 모두 관리 중이었다. 사후 지원, 고객 관리, 작업 스케줄 관리 등이 모두 한 사람의 임무였다. 문제는 그가 일정 변경에 신경 쓰느라 고객을 관리하고 분석하는 시간이 줄어들었다는 점이다. 휴가는 고사하고 하루라도 비숍이 자리를 비우면 작업 스케줄은 엉망이 됐다.

스티브와 세권은 새로운 계획을 세웠다. 사원 두 명을 뽑아 고객 관리와 작업 스케줄을 지원하도록 했다. 두 사원은 비숍의 업무를 참관하면서 관련 교육도 받았다. 까다로운 업무를 직접 보고 배울 수 있으며, 기존 고객 관리의 문제도 확인할 수 있는 기회였다. 작년에는 작업 스케줄 관련 불만이 700건을 넘었으나, 다음 해 여름 시즌이 끝난 후 집계된 불만 건수는 50건 이하로 크게 줄어들었다.

입사 처음으로 비숍은 2주간 휴가를 낼 수 있었고, 그 기간에 업무에 차질은 없었다. 그 후 비숍은 COO(최고운영책임자)로 승진했고 기업은 그 어느 때보다도 건실하다.

이것부터 해결하라

이것부터 해결하라

FIX THIS NEXT

MAKE THE VITAL CHANGE THAT WILL LEVEL UP YOUR BUSINESS

돈이 쌓였다면
베풀어라

베푼 만큼
이익으로
돌아온다

마크 타벨^{Mark Tarbell}은 애리조나주 인기 식당 중 하나인 타벨스^{Tarbell's}의 CEO다. 셰프로서는 요리 대결 프로그램 〈아이언 셰프^{Iron Chef}〉의 우승자 중 한 명이다. 경영자로서는 식당을 20년 넘게 성공적으로 운영한 인물이다. 그에게는 식당 운영의 남다른 비결이 있을 것이다.

"10만 달러로 식당 주인이 되는 법을 공개하겠습니다."

타벨이 한 강연에서 던진 말이다. 그때 나는 청중석 한가운데서 두 줄 뒤, 이른바 '로열석'에 앉아 있었다. 그 강연장은 유명 CEO로 가득했다. 내 옆에는 미국 최대의 스포츠 티켓 중개 업체를 세운 크리스 킴벌리(가명)가 있었다. 타벨의 이야기를 듣기 위해 킴벌리가 몸을 앞으로 기울이는 게 그다지 놀랍진 않았다. 실제로 킴벌리는 10만 달러가 조금 넘는 금액으로 식당 다섯 곳을 사들였기 때문이다.

타벨은 이렇게 말했다.

"부자부터 가난한 사람까지, 경영자부터 현장 노동자까지 사람들은 제게 항상 이렇게 말해요. '언젠가 멋진 식당이나 바를 운영하고 싶어요. 그곳이 제 자리가 될 거예요. 제가 원할 때면 언제든 그곳에 갈 수 있겠죠. 친구도 만들 수 있고 제 식탁도 둘 수 있을 거예요.' 하지만 식당이라고 더 낭만적인 것도 아니에요. 결국엔 사업이니 뭔가 다를 건 없습니다."

타벨의 이야기는 이어진다.

"저는 수많은 식당이 망하는 걸 보았습니다. 망한 이유는 밑바닥에서부터 사업을 구축해야 한다는 점을 이해하지 못했기 때문이죠. 여러분은 자신만의 독특한 메뉴와 서비스를 가지고 적합한 고객을 유인해야 합니다. 또한 메뉴를 대량으로 능숙히 조리할 수 있어야 하죠. 식재료 및 인원 관리도 당연히 빼놓을 수 없죠. 수익도 고려해야죠. 이 모든 것을 효율적으로 해내야 합니다. 그런데 이걸 해내도 성공 확률은 단 5퍼센트입니다. 경쟁이 엄청나니까요."

한 통계에 따르면 개업 후 5년도 안되서 80퍼센트의 식당이 문을 닫고, 1년 안에 문을 닫는 비율은 60퍼센트에 이른다. 실제로 사업 대부분은 시작한 지 몇 년 안에 망한다. 망한 사연은 제각각이겠지만 공통점이 있다. 타벨의 말처럼 밑바닥 다지기에 집중하지 않았기 때문이다.

타벨은 이야기를 더 계속했다.

"멋져 보이니까, 친구들이 좋아할 장소를 만들고 싶어 식당을 열고 싶나요? 즉, 인생을 바칠 생각이 아니라 즐기기 위함이라면 10만 달러로 식당을 사면 됩니다. 먼저, 여러분이 가지고 싶은 식당을 찾으세요. 이제 일주일에 두 번, 점심이나 저녁을 먹으러 가서 좋아하는 음식과 와인을 먹는 겁니다. 웨이터에겐 팁으로 100달러를 주세요. 셰프에게도 100달러, 바텐더에게도 100달러, 레스토랑 주인에게 100달러, 발레파킹 요금으로 100달러를 줍니다. 이걸 1년간 하세요. 그렇게 여러분은 식당을 가질 수 있습니다. 밸런타인데이 저녁 7시라도 당일 전화 예약이 가능해집니다. 그것도 가장 좋은 자리로요. 식당을 가지는 거죠."

청중은 웃음을 터뜨렸다. 웃지 않은 사람은 킴벌리 그리고 식당 주인으로 보이는 몇몇이었다. 웃음기 없던 이들은 뭔가를 빼곡히 적고 있었다. 나도 타벨의 이야기를 적었다. 내가 식당을 운영하진 않지만, 무언가를 가지고 싶은 것과 사업을 키우고 싶은 것은 다른 문제임을 명심하기 위해서다.

"이런 제길! 그동안 사업이 잘 굴러간다고 착각했어!"

많은 경영자가 한번쯤은 내뱉는 말이다. 당신 입에서 이 말이 나왔다면 기업의 소유와 성장 사이에서 고민하는 시기에 들어섰다는 의미다. 참고 견디면 모든 게 해결될 것이란 희망을 끌어안은 채 아등바등 매달린 시간을 돌아보는 시기이기도 하다. 보통 이 시기는 기업의 발전을 위해 무엇을 해야 할지가 정확해지면 찾아온다.

당신이 지금까지 이 책을 읽고, 고쳐야 할 부분이 한두 곳이 아님을 확인하고 "이런 제길!"을 외쳤을 수도 있다. 그 울분의 감탄사는 당연히 좋은 신호다. 이제 옳은 방향으로 갈 일만 남았다. 살면서 냉혹한 현실을 받아들이는 것은 고통스러워도 꼭 필요한 단계다.

물론 당신이 그저 낭만적으로 사업을 시작하지 않았다는 것을 난 잘 알고 있다. 당신은 경영에 진심인 사람이다. 경영에 능숙해지고 싶고, 기업이 매일 성장하고 탄탄해지는 방법을 알기 위해 이 책을 편 게 아닌가? 그리고 당신은 그 방법을 알아가는 중이다.

경영 비전은 실행 '전날'에 위력이 가장 강하다. 당신의 꿈이 가장 꿈답게 남아 있는 마지막 날이다. 비전을 실행할 다음 날부터는 모든 것이 냉혹하고 어지러워진다. 온갖 도전과 기회, 문제와 솔루션이 마구 섞여 쏟아진다. 그렇게 당신은 꿈을 잊어버린다. 당장 하루 하루를 무사히 넘기기 바쁘니까. 그 꿈은 잠시 책상 가장자리로 밀려났다가, 얼마 뒤엔 벽장 안으로, 그 후엔 거미줄 쌓인 다락방으로 들어갈 뿐이다.

경영자로서 당신의 꿈에는 합당한 근거가 있다. 더 나은 삶을 원했거나, 가족에게 더 나은 삶을 선사하고 싶었을 것이다. 즐거움을 주는 일을 찾거나 운명을 바꾸고 싶었을 수도 있다. 어쩌면 당신은 이보다 더 많은 것을 이루고 싶었을 것이다. 확실한 건 당신은 생각보다 꿈에 더 가까이 있다는 사실이다.

BHN의 '쌓기'와 '베풀기' 단계

✕

6장은 노래로 따지면 브리지bridge 부분이다. 〔매출, 수익, 체계〕라는 후렴에서 이제 마지막 후렴으로 넘어갈 차례다. 기업을 키워 세상에 영향을 미치고 영속적인 유산으로 남기 위해 진정 필요한 것이 무엇인지 잠시 생각해 보자.

내 인생 최고의 커피는 과테말라시티에서 마신 커피였다. 사회적기업인 에코필트로Ecofiltro의 창업자 필립 윌슨Philip Wilson은 여행 온 내게 과테말라시티의 아름다운 건축물과 유명한 식당을 안내했다. 그렇게 우리는 '최고의 커피'를 마시러 한 작은 카페에 들렀다. 내 인생 최고의 커피는 여기서 정해졌다. 과테말라시티에서 만난 윌슨은 꽤나 활기찬 사람이었다. 즐거운 기색을 띠고 발전 중인 도시의 구석구석을 열심히 안내했다. 하지만 그가 처음부터 이랬던 것은 아니다. 과거의 그는 경제 방송을 틀어 놓고 주식 정보에만 몰두하던 사람이었다. 과테말라 가구 중 80퍼센트가 깨끗한 물을 마시지 못한다는 사실을 알기 전까지의 모습이기도 하다.

윌슨의 설명에 따르면, 과테말라 사람들은 물을 정화하기 위해 하루에 최소 세 그루 분량의 나무를 써야 한다. 물을 끓여 마셔야 하기 때문이다. 물 끓이는 데 한 달에 15~20달러가 필요한데 대부분은 그 비용을 댈 수 없었다. 문제 해결을 위해 윌슨의 누이가 먼저 비영리단체를 운영했으나 목표만큼 기부금을 모으지 못했다. 윌슨은 이 문제가 기부만으로 해결될 영역이 아님을 깨달았다. 즉, 〔영향력〕에만 초점을 맞춘다고 해결될 문제가 아니었다. 윌슨은 에코필트로를 통해 도시에서 정수 필터를 팔고, 그 돈으로 시골 지역에 필터를 저렴하게 제공할 자금을 모았다. 에코필트로의 목표는 단 하나, 과테말라 시골 지역의 100만 가구가 깨끗한 물을 마시는 것이다.

안타깝게도 세상에는 너무나 많은 노력이 오래가지 못한다. 지속 가능성에 대한 구체적 계획이 없기 때문이다. 세상을 변화시키고자 하면서 지속 가능한 현금흐름의 원천, 내부적인 재정 건전성, 효율성 등을 철저히 고려하지 않는다. 그동안 나는 '비영리단체가 돼야 할 영리단체'를 수없이 봐 왔다. 경영자의 의도는 분명 비영리가 아니었을 텐데 말이다. BHN으로 풀어 보면 그들의 문제는 이렇다. 토대(〔매출, 수익, 체계〕)를 '쌓는' 단계를 무시하고 '베푸는' 단계(〔영향력, 유산〕)부터 신경 쓰니 하루하루 허덕이며 회사를 유지하기 바쁘다. 비영리단체에도 건실한 기초가 필요하다. 그들의 일도 사업이기 때문이다. 윌슨과 에코필트로는 BHN을 정확히 따랐다. 그들의 목적인 과테말라 수질 개선을 위해서는 〔매출, 수익, 체계〕부터 강화해야 했다. 〔매출〕과 〔수익〕은 목적에 연료를 공급했고 〔체계〕는 그들의 일을 확대해 세상을 변화시키는 목표를 달성토록 했다.

"저는 돈 모으기가 사업의 핵심이라고 생각했어요. 그리고 언젠간 자선가가 되고 싶었죠. 당시 전 돈을 벌기 위한 노력을 멈추고 돈을 나눠 주기 시작했습니다. 하지만 에코필트로는 제게 새로운 사실을 가르쳐 줬습니다. 사업의 핵심은 쌓기와 베풀기 모두라는 것이죠. 수요 증가를 촉진할 수 있는 분야, 수익을 낼 수 있는 분야, 효율적으로 일할 수 있는 분야에서 사업을 구축해야 합니다. 베풀 수 있으려면 이 모든 것을 계속 쌓아야 하니까요."

월슨과 헤어지기 전, 마지막 남은 커피 한 모금을 마시며 그가 남긴 한마디였다. 이제 월슨은 돈을 많이 모으기보다 영향력에 관심을 둔다. 그러면서도 한쪽에서는 계속 돈을 모은다. 그는 이게 어떻게 가능할까?

"이 사업이 제게 얼마나 큰 즐거움을 주는지 말로 다 할 수 없을 정돕니다. 죽을 때까지 계속할 것 같아요."

당신이 태어난 이유는 영향력을 발휘하기 위해서다. 그 영향력은 당신이나 당신의 사업을 희생함으로써 생기지 않는다. 영향력을 발휘하는 과정은 고난의 게임이 아니다. 당신은 [매출, 수익, 체계]의 기초부터 다져야 한다. 그래야 [영향력]을 통해 기업을 세상에 돌려줄 수 있다(그림 5의 [유산]과 [영향력]의 색이 다른 이유를 이제 이해할 것이다).

베풀기 위해 BHN 단계를 순서대로 밟으라는 말에 반발할 수도 있다. 이른바 '베풀기 먼저'에 동의하는 경영자라면 더욱 그럴 것이다. 지금 이 책을 읽는 당신도 베풀기가 먼저라 생각할지 모른다. 나는 당신이 많이 그리고 열심히 베풀길 원한다. 세상을 눈에 띄게 개선

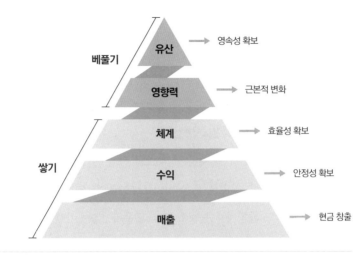

그림 5 BHN의 '쌓기'와 '베풀기' 단계

할 수 있도록 말이다. 다만 그런 중요한 일을 하기 위해서는 확고한 토대가 필요하다는 뜻이다.

　"나는 발명할 돈을 벌기 위해 항상 발명을 했다."

　토머스 에디슨Thomas Edison이 남긴 말이다. 경영자에게 최고의 환원이란 무엇일까? 삶을 더 좋게 만드는 제품이나 서비스를 창조하고 혁신하는 것일지 모른다. 다만 베풀기라는 이름으로 창조 그 자체에만 집중해도 문제다. 아이디어의 무게로 인해 기업의 기반이 무너질 것이다. 〔매출, 수익, 체계〕라는 기반 말이다.

비교형 경영 vs. 기여형 경영

✕

경영의 동인은 '비교'에 중점을 둔 자아^{ego} 혹은 '기여'에 중점을 둔 초자아^{superego} 다. 또한 비교와 기여는 쌓기와 베풀기를 작동시키는 요소이기도 하다. 윌슨과 더불어 내가 만난 모든 경영자에게선 비교와 기여 중의 한 요소가 꼭 나타났다.

비교(자아)에 초점을 맞추는 경영자는 끊임없이 BHN의 기초 단계로 돌아간다. 규모상 우위를 보여 주기 위해 더 많이 팔고 벌어야 하기 때문이다. 돈 말고도 더 많은 트로피와 표창 등도 수집해야 한다. 이런 유형의 경영자에겐 더 많은 일을 자동으로 할 수 있는 사업이 알맞다. 여러 사업에서 더 많은 일을 할 수 있기 때문이다. 양적인 것을 추구하는 것이 경영에서 나쁜 것은 아니다. 경제에 연료를 공급하고 사원에게 도움이 되기도 한다. 나는 이런 유형의 경영자 중 훌륭한 경우를 꽤 알고 있다. 다만 이런 자세가 충족감 대신 공허함을 줄수도 있다.

펜실베이니아주 바턴스빌에 스마일스포킵스^{Smiles 4 Keeps} 라는 소아 치과가 있다. 〔매출, 수익, 체계〕에만 집중해 경영상 '진정성'을 의심받은 경우다. 2018년, 스마일스포킵스는 자녀의 정기 검진을 시키지 않는 부모를 대상으로 '치아 건강 방치^{dental neglect}' 혐의로 주 정부에 통보하겠다는 '협박에 가까운' 편지를 보냈다. 그 편지는 이렇게 끝난다.

> 아이를 가능한 한 건강하게 기르고 주 정부에 통보되는 것을 피
> 하려면, 바로 저희에게 전화해 30일 내로 검진을 예약하시기 바
> 랍니다.

이 편지는 부모들 사이에 엄청난 논란을 불러일으켰고, 결국 뉴스가 됐다. 논란이 커지자 스마일스포킵스는 편지 내용을 바꿔서 보냈지만 분위기는 돌이킬 수 없었다. 그들은 아마 공포 마케팅 효과를 노렸을 것이고, 매출이 '반짝' 늘었을 수도 있다. 하지만 그 매출엔 어떤 대가가 따랐을까? 2018년 '그 사건'에 대한 기록은 여전히 남아 있고 회자된다. 구글에서 'Smiles 4 Keeps Neglect'라 검색하면 스마일스포킵스에 대한 부정적인 뉴스가 몇 페이지에 걸쳐 나온다.

쌓기(〔매출, 수익, 체계〕)는 경영의 토대를 다지는 중요한 요소다. 하지만 쌓는 데만 갇히지 않도록 자신을 점검하는 것이 중요하다. 실제로 많은 기업이 쌓기에서 빠져나오지 못한다. 경영자에게는 세상의 모든 문제를 해결할 수 있는 힘이 있기에 더욱 안타까운 경우다.

기여(초자아)에 초점을 맞추는 경영자라고 완벽한 존재는 아니다. 어떤 경영자는 자기희생을 통해 '베풀고 또 베풀기'만을 추구한다. 분명 이러한 경영자는 희생을 감내하는 좋은 사람(당신도)이다. 문제는 그 희생이 경영상 부적절한 시기에 일어날 때 생긴다. 경영상 피해가 생길 때까지 베푸는 자세는 경영 자체를 지속할 수 없게 한다. 당신이 그렇게 경영을 그만둔다면, 수많은 잠재 고객은 당신의 훌륭한 능력

을 경험할 기회를 잃는다. 결국 고객에게까지 피해가 간다는 사실을 명심하라.

이제 브리지가 끝났다. 마지막 후렴으로 가자. 바로 BHN의 〔영향력〕이다!

이것부터 해결하라

FIX
THIS
NEXT

MAKE THE VITAL CHANGE THAT WILL LEVEL UP YOUR BUSINESS

CHAPTER
7

내가 없어도
문제없는 회사로

CEO가 사라져도
회사는
사라지지 않는 법

내 첫 책《혁신본능 The Toilet Paper Entrepreneur》이 나오고 몇 달 뒤, 나는 아내에게 종이 한 장을 건넸다. 그날 오전 한 경영자에게 받은 이메일을 출력한 그 종이에는, 책 내용 중 하나를 적용해 어떤 즉각적인 결과를 얻었는지가 적혀 있었다.

아내는 종이를 먼저 빠르게 훑어본 뒤 각 단어를 곱씹으며 다시 읽었다. 그렇게 두 번 메일을 읽고 한동안 말없이 내 눈을 바라보다가 입을 열었다.

"이거야말로 당신이 해야 할 일이에요. 마이크."

경영자의 여정은 구불구불한 길을 덜컹대는 고물 자동차로 달리는 것과 같다. 작가로서의 내 삶이 미래에 어떤 영향을 미칠지에 대해 우리 부부는 불안해했다. 내가 집과 재산을 모두 잃고 (스스로 진단한) 우울증을 건강하게 관리하지 못한 이후, 우리는 주어진 상황에 '조금' 부담을 느끼는 상태였다. 나는 고물 자동차 운전석에, 아내는 안전벨트도 없는 조수석에 앉아 구불구불한 길을 달렸다. 그 상황은 내겐 두려움이었고, 아내에게는 날것의 공포였을 것이다.

그런 상황에서 아내에게 들은 이 '신임'의 말은 내게 전부나 다름없었다. 작가로서의 내 직업을 지지한다는 말이 마음을 울렸다.

4년 뒤, 우리 부부는 그때와 똑같이 식탁에 마주 앉았다. 그때도 우리의 자동차는 계속 위태롭게 덜컹댔다. 대부분의 작가가 글쓰기에서 매우 더디게 성장한다는 현실을 마주한 시간이었다(어떤 사업이든 경영자의 여정도 마찬가지다).

이번에 아내는 이렇게 말했다.

"마이크, 취직을 해야 해요."

경영자로서 나는 완전히 끝났다는 것이다! 취직이란 말은 경영자에게 완전한 실패를 뜻하니 말이다. 사실 아내의 말은 옳았다. 글쓰기가 내 천직이란 말도, 하지만 우리에게 돈이 절실히 필요하다는 말도. 그때 나는 두 번째 책인 《펌프킨 플랜Pumpkin Plan》을 냈고 독자로부터 긍정적인 반응이 매일 들어왔다. 하지만 돈은 들어오지 않았다. 우리의 재정 상태는 좀처럼 나아지지 않았다.

그렇게 나는 거의 20년 만에 처음으로 일자리를 찾기 시작했다. 일자리를 찾은 지 얼마 안 돼서, 나는 이력서상으로 경영자가 (아마 작가 다음으로) 최악의 경력임을 깨달았다. '전직 사장'을 고용하려는 사장은 아무도 없었다(게다가 연쇄 창업가를 원하는 사람은 더더욱 없었다). 경영자는 사원이 되기에 적합하지 않다는 사실을 그들은 잘 알고 있었다. 우리 같은 사람은 사업 아이디어가 생기면 일을 그만둘 가능성이 매우 크기 때문이다.

내 선택지는 하나였다. 내가 취직하는 것은 말도 안 되는 일이었다. 좋든 싫든 글쓰기를 통해 경영자로서의 빈곤을 뿌리 뽑아야 했다. 먼저, 기업 성장에 대해 내가 아는 지식을 글쓰기에 적용할 필요가 있었다. 작가가 되는 것이 내 사업의 하나임도 인정해야 했다. 영향력을 추구하려는 내 본능을 따르기 전에 사업의 근본 진리에 맞춰 〔매출, 수익, 체계〕를 차례로 확보해야 했다. 그 전까지는 세상을 변화시킨다는 목표에 집중할 수 없었다. 몽상을 좇느라 가족을 더 이상 위태롭게 만들 수도 없었으니 말이다. 나는 세상을 살피기 전에 나부터 살펴야 함을 깨달았다.

이제 나는 이 '정신없는 질주'가 더는 무섭지 않다고 자랑스럽게 말할 수 있다. '이거야말로 당신이 해야 할 일'라고 말한 아내의 말은 사실상 예언이었다. 우리 부부는 높은 단계에서 한결같이 수월하게 나아가고 있다(현재로서는). 정신없는 악순환도, 두려운 추락도 이제는 없다. 나는 여전히 이곳에 있고, 경영자를 위해 노력 중이다. 당신이 운명적으로 해야 할 일을 할 수 있도록 경영자적 경험을 더 쉽게 만드는 솔루션을 모색 중이다. 내가 원초적 본능을 제쳐 두고 BHN 나침반에 따라 사업을 운영했기 때문에 가능한 일이었다. 나는 내 책과 관련된 다른 수입원을 창출하고 그것을 확고히 다졌다. 먼저 기초 단계를 튼튼히 쌓지 않으면 당신은 영향력을 발휘할 수 없다. 나 역시 그랬다.

기업이 〔영향력〕에 이를 때, 기업의 제품과 서비스는 더 이상 거래에 머무르지 않고 전에 없던 변화로 나아간다. 〔영향력〕의 기본 욕구가 모두 충족되면, 당신의 고객에게 가격은 부차적인 고려 사항이 된다. 아무도 "이 가격이 제일 좋은 조건인가요?" 묻지 않는다. 대신 "어떻게 해야 살 수 있습니까?"라고 묻는다. 그리고 소비자가 아닌 지지자, 홍보대사, 평생회원이 된다.

이상적인 고객이 당신의 제품과 서비스를 더 많이, 더 오래 소비하도록 하려면 사업과 제품 및 서비스가 이상적인 고객에게 영향을 미쳐야 한다. 여기서는 고객 및 주주의 이익과 권리 추구를 적극 행사하는 스튜어드십stewardship이 우선 사항이다. 즉, 당신과 기업 구성원, 고객, 업계를 넘어 국가와 세계가 모두 승리해야 한다는 뜻이다. 나의 중요한 목표 중 하나는 많은 경영자를 부자로 만드는 것이다. 이에 더해, 경영자가 불필요하고 힘겨운 싸움에서 벗어나 자신의 사명을 따르도록 하는 것 역시 내 목표다. 이 목표가 마치 판타지 같고 결과를 측정하기도 어려운 '크고 아름답고 대담하며 고귀한 목표들Big Beautiful Audacious Noble Goals, Big BANG' 중 하나임을 나는 알고 있다. 이 '빅뱅'에 뛰어들지 여부는 오로지 당신의 선택에 달렸다. 경영자 모두가 전 세계에 봉사할 필요도, 모든 이의 인생을 변화시킬 필요도 없기 때문이다.

끔찍한 질병으로 배우자를 먼저 보낸 한 경영자를 만난 적이 있다. 그는 눈물을 머금고 내게 이렇게 말했다.

"마이크, 미안하게도 내겐 빅뱅이 없습니다. 내 삶의 목적은 분명합니다. 매일 식사를 준비해야 하고, 아이들을 돌봐야 하죠. 이게 내가 해야 할 일이에요."

그 말을 듣고 난 울음이 터졌다. 울음을 참아 가며 이렇게 말했다.

"그게 당신의 빅뱅이에요. 삶의 거대한 목적이고 당신의 사업으로 만들 수 있는 고귀한 영향력입니다. 그것보다 당신에게 더 위대한 일은 없어요."

2년 뒤 그를 다시 만났다. 그때처럼 그는 눈물을 흘리며 말했다.

"내 빅뱅은 내 아이들을 먹여 살리는 것이었고, 나는 그 일을 해냈습니다. 이제 그 일을 확대해서 한 부모 가정의 아이들을 도와요. 나는 저녁 식사가 가족의 유대를 형성하는 최고의 시간임을 알았습니다. 따뜻한 식사가 준비되면 한 부모 가정의 부모는 요리 걱정 없이 가족과의 시간에 집중할 수 있어요. 이것이 내가 경험했던 세상을 변화시킵니다."

바로 이것이다! 〔영향력〕은 당신의 정의에 따라 당신의 세상을 변화시키는 것이다. 중요한 것은 당신이 봉사하는 공동체의 크기가 아니다. 당신이 재능을 나누면서 느끼는 감사의 크기다.

욕구 16 | 혁신 지향

✕

"거래를 넘어 혁신으로
고객에게 이익을 주는가?"

메인주 프리덤에 있는 로스트키친^{The Lost Kitchen}은 테이블 여덟 개의 작은 레스토랑이다. 그런데 이곳은 저녁에만 영업하며, 테이블당 한 손님만 받는다. 한 테이블에 두 번째, 세 번째 손님을 받지 않는다. 하루에 40~45명의 손님만 받는 셈이다. 하루에 받는 손님이 정해지니 문 앞에 줄도 없다. 더욱 놀라운 건 1년 중 9개월만 영업한다. 특별 할인? 그런 거 없다. 게다가 프리덤은 인구가 1,000명도 되지 않는 전형적인 시골 동네다.

여덟 테이블로 저녁에 딱 한 번 손님을 받는, 그것도 외딴곳에 있는 레스토랑. 이 로스트키친은 현재 미국에서 예약하기 힘든 레스토랑 중 하나다.

로스트키친의 오너 셰프인 에린 프렌치^{Erin French}는 이혼으로 남편과 집을 잃은 뒤 '식사 그 이상'을 제공하자는 생각으로 팜투테이블 ^{farm-to-table} (직접 키운 유기농 작물로 요리하는 방식_옮긴이) 레스토랑을 열었다. 이를 통해 사회의 변화 속도, 가치, 이상 속에서 '소규모 저녁 만찬'의 경험을 선사하고 싶어 했다. 그리고 셰프가 고된 일에서 자유로워지는 주방의 모습도 원했다. 그렇게 로스트키친은 국제적으로 호평을 받았다. 프렌치는 요리계의 오스카상이라 불리는 '제임스 비어드상^{James Beard Awards}' 후보에 세 차례 올랐고 2017년에 첫 책《더 로스트키친 The Lost Kitchen 》을 출간했다.

로스트키친이 유명해지자 예약 관리가 가장 버거운 일이 됐다. 음성메시지가 늘 가득 차 있었고, 몇몇 이들은 예약을 위해 뇌물을 들고 나타났다. 일주일에 만 통이 넘는 전화를 받은 적도 있었다.

프렌치는 15명의 구성원을 힘들게 하지 않으면서, 로스트키친만의 고객경험에 맞는 솔루션을 찾아야 했다. 그 방법은 1년에 딱 열흘간만 예약 받기였다. 4월 1일부터 10일 동안 1년 치 예약을 모두 받는다. 여기에 자격 하나를 추가했는데, 3×5인치짜리 엽서로만 예약을 받는 것이었다.

2018년에 로스트키친은 2,000장이 넘는 예약 엽서를 받았다. 그중 운 좋게 선정된 이들이 예약 확인 전화를 받았다. 그렇게 보낸 엽서는 고객경험의 일부가 된다. 매일 영업 시작 전, 그날 예약된 손님의 엽서가 전시된다. 메뉴는 예약 사항에 맞춰 제공된다. 로스트키친은 외식이라는 것이 소박함 속에서도 얼마나 훌륭해질 수 있는지 보여 준다. 또한 거래(판매 성사)보다 제공하고 싶은 변화에 집중해야만 고객의 삶에 진정한 영향을 미칠 수 있다는 좋은 사례이기도 하다.

오멘 | 제품과 서비스에 스토리텔링 씌우기

×

당신은 분쇄 원두를 판매하는 베스트빈 Best Bean 을 운영 중이다. 베스트빈 제품에 대한 고객 반응은 훌륭한 편이다. 하지만 당신은 고객을 위해 더 많은 것을 하고 싶다. 고객의 삶까지 변화시키고 싶다. 당신의 필수욕구는 '혁신 지향'이다.

목표 ▶ '좋은 커피 마시기'에서 '커피로 멋진 하루를 시작하기'로 고객경험 발전시키기다. 당신은 고객이 커피를 마실 때마다 변화를 느끼고 영감을 얻기를 진심으로 원한다.

측정 ▶ 소비자 리뷰가 측정에 가장 효과적이다. 지금도 맛에 대해 호평하는 온라인 리뷰가 올라오지만 그것이 전부다. 커피로 삶이 바뀌었다는 리뷰가 올라왔으면 좋겠다. 이러한 리뷰를 측정하기로 했다.

평가 ▶ 월 단위로 리뷰 데이터를 평가할 것이다(현재 리뷰는 일주일에 한 번 꼴로 올라온다). 진행 상황에 따라 몇 가지 전략을 개발하고 측정법을 수정할 것이다.

육성 ▶ 먼저 리뷰 작성일, 평점, 주제(맛 또는 변화 인식 등)를 추적한다. 그러다 스내플Snaple(음료 브랜드로 병뚜껑 안에 토막 상식을 적어 흥미를 끌었다_옮긴이)의 아이디어를 빌리기로 했다. 즉, 원두 봉투에 '메시지'를 담을 계획이다. 메시지는 다음과 같은 식이다. "커피가 아름다운 만큼 당신은 훨씬 더 아름답습니다." 혹은 "좋은 커피 한잔, 좋은 사람에게서 좋은 삶이 옵니다. 지금 당신은 둘 다 있습니다." 현재 원두 한 봉지당 약 50잔의 커피가 나오므로 디스펜서 50개에 각기 다른 메시지를 새겨 포장한다. 이제 봉투를 열면 "커피를 내릴 때마다 읽어보세요"라는 간단한 설명과 함께 각기 다른 메시지가 담긴 디스펜서가 보일 것이다. 마치 스내플의 병뚜껑이나 포춘쿠키처럼.

결과 ▶ 디스펜서를 추가하고 나서, 측정법을 수정하자는 내부 의견이 나왔다. 예상치 못하게 인스타그램에서 반응이 많이 나왔기 때문이다. 고객들이 '행운의 커피'라는 이름으로 디스펜서를 찍어 인스타그램에 올렸다. 이제 인스타그램 '좋아요'와 공유 수도 측정에 추가한다. 인스타그램의 디스펜서 사진을 통해 고객들도 그날 하루 자신과 자신의 가능성에 대해 생각하면서 다른 온라인 리뷰도 늘어났다. 당신이 사람의 생명을 살린 것은 아니지만 사람들의 즐거운 시간을 살려 냈다.

욕구 17 | 미션을 통한 동기부여

✕

"구성원이 각자의 역할보다
기업 미션 수행에서 더 큰 동기를 얻는가?"

"당신의 '지옥주간'이 기억나나요?"

이 질문에 대해 대부분의 경영자는 서비스 개시일이나 제품 납기일을 맞추기 위해 밤낮없이 '모두가 달라붙어' 일한 때를 떠올릴 것이다.

지옥주간은 미 해군 특수부대의 훈련을 이르는 용어다. 후보생은 먼저 몇 주간 혹독한 훈련으로 체력을 소진한 뒤 6일간 잠을 자지 않고 신체적·정신적 고통을 견뎌야 한다. 6일간의 지옥주간을 두는 이유는 후보생의 중도 포기를 유도하기 위함이다. 특수부대가 실전에서 중도 포기한다는 것은 그 자체로 임무 실패이기 때문이다. 지옥주간을 견딘 25퍼센트만의 후보생이 그다음 훈련의 '준비' 단계로 넘어간다.

지옥주간 중 하루는 티후아나슬로^{Tijuana Sloughs}라는 갯벌에서 지내야 한다. 미 해군 특수부대 제독 윌리엄 H. 맥레이븐^{William H. McRaven}은 2014년 텍사스대 오스틴 졸업 연실에서 자신과 자신의 동료가 티후아나슬로에서 어떻게 하루를 보냈는지 이야기했다. 후보생은 보트의 노를 저어 갯벌로 들어간다. 그리고 머리까지 갯벌에 잠긴 채 15시간을 보내야 한다. 그날은 특히 날씨가 험해 영하의 온도와 세찬 바람을 감당해야 한다. 하지만 가장 힘든 부분은 중도 포기를 유도하는 교관의 압박이다. 그날 다섯 명만 포기하면 모두가 갯벌에서 나올 수 있다고 말할 정도였으니까.

15시간 중 8시간이 남은 그때, 맥레이븐은 몇몇에게서 포기의 분위기를 느꼈다. 끙끙대는 신음 사이로 치아가 딱딱 부딪치는 소리가 들렸다.

"바로 그때, 한 목소리가 어둠을 뚫고 퍼져 나가기 시작했어요. 그 목소리는 노래가 되어 울려 퍼졌죠. 음정은 몹시 엉망이었지만 열정으로 가득 차 있었습니다. 한 목소리가 둘이 되고, 둘은 셋이 됐습니다. 그리고 얼마 후 모두가 함께 노래를 불렀습니다. 교관은 계속 노래하면 갯벌 속에 더 두겠다고 우릴 협박했지만 노래는 계속됐습니다. 그리고 어떻게 된 일인지 갯벌이 조금 따뜻해지고 바람도 약간 잠 잠해지는 것 같았어요. 새벽이 그리 멀지 않게 느껴졌습니다."

맥레이븐과 동료에게 포기할 수 없는 이유를 상기시킨 것은 바로 그 음정이 엉망인 노래였다. 훈련을 견디고 임무를 완수하도록 서로가 동기를 부여했다. 그렇게 후보생 모두가 포기하지 않고 살아남았다. 그 후 맥레이븐은 37년을 특수부대 소속으로 복무했다. 그는 걸프전쟁, 이라크전쟁, 아프가니스탄전쟁을 비롯해 여러 전쟁에 투입됐다. 그의 경력 중 가장 주목할 만한 것은 오사마 빈 라덴^{Osama bin Laden} 제거를 위한 '넵튠 스피어 작전^{Operation Neptune Spear}'을 계획하고 감독한 일이었다.

어떤가? 이제 당신은 경영이 아무리 힘들다 해도 전쟁만큼은 아니라고 생각할 것이다. 전쟁처럼 생사를 다퉈야 할 정도는 아니니까. 다만 힘들거나 바쁜 시기를 견디도록 혹은 일을 더 잘 해내도록 도와줄 '동료와 부르는 노래'가 없다면 당신과 당신의 팀은 포기하고 싶을 것이다. 글자 그대로 회사를 떠날 수도 있고, 체념 혹은 무사안일주의에 서서히 물들 것이다. 당신의 팀이 당신을 도와 세상에 영향력을 끼치길 원하는가? 그렇다면 당신은 팀이 믿을 만한 무언가, 즉 '동료와 부르는 노래'를 제시해야 한다. 그 노래가 바로 기업의 미션이다.

아무리 음정이 엉망이어도 일단 노래가 울려 퍼지면 자신들을 움직이게 할, 제대로 된 멜로디를 금방 찾아낼 수 있다. 문제는 많은 경영자의 노래가 시시하고 감흥이 없다는 점이다. 가사는 "우리의 미션은 주주가치 높이기" 정도로 구닥다리 수준이며 멜로디는 동네 취객이 멋대로 부르는 수준이다(이런 경우 쓸데없이 목청만 좋다). 아무리 가사 내용이 거룩해도, 멜로디가 유명한 곡과 같아도 절대 감흥을 주지 못한다.

경찰을 꿈꾸던 일곱 살 소년 크리스의 죽음으로 시작된 메이크 어위시재단Make-A-Wish Foundation의 미션은 '난치병 어린이들의 소원 이루어 주기'다(어떤 소원을 위해 샌프란시스코 도시 전체를 고담시티로 꾸미기도 했다). 테슬라의 미션은 '환경친화적이시 않은 제품을 능가하는 업계 최고 제품을 통한 환경적 이익 극대화Prioritizing the environment by creating industry-leading products that overtake less environmentally directed products'다. 이들의 미션은 많은 이에게 반향과 영혼의 진동을 일으킨다. 이제 당신도 영혼과 연결된 멜로디를 찾아 노래를 시작해야 한다.

오멘 | 착한 기업 되기

×

당신의 기업은 제품 포장용 플라스틱 고리를 만든다. 포장 목적이나 용량마다 다양한 종류의 고리를 제공하는데 평가가 좋다. 하지만 플라스틱 고리가 환경에 부정적인 영향을 미치는 것이 당신 마음에 걸린다. 실제로 고리에 끼여 죽은 바다거북의 사진은 인터넷에서 쉽게 찾아볼 수 있다. 누군가 언젠간 해결해야 하는 일이다. 당신은 그 누군가가 되라는 미션에 답하기로 했다.

목표 ▶ 이제 당신 기업의 미션은 '환경이 허락하는 내에서 최고의 편리 제공하기'다. 경영진부터 디자인팀에 이르기까지, 플라스틱보다 지속 가능한 대체 원료를 만드는 노력에 동참하기를 요청한다.

측정 ▶ 매출과 오염 물질 배출량이다. 매출이 늘고 오염 물질 배출이 감소하면 성공이다. 매출을 높이기 위한 방안도 같이 고려한다. 환경친화적인 제품임을 바로 알아볼 수 있도록 다른 색상으로 표시하는 것을 고려했다. 이러면 모든 사람이 당신의 제품을 알게 되고 미션에 성공할 경우 제품이 더욱 뚜렷이 드러난다. 물론 실패할 때도 마찬가지다.

평가 ▶ 신제품 개발에 시간이 걸리지만, 아이디어는 바로 낼 수 있다. 목표를 달성하기 위한 아이디어 창출 횟수부터 측정하기로 했다. 신제품 매출과 영향은 그 후 측정할 것이다.

육성 ▶ 구성원을 하나의 목표로 단합시키는 대표적 방법은 점수판과 표 사용이다. 그러나 당신은 좀 더 제대로 실행하고 싶은 마음에 새로운 방법을 제시한다. 먼저 1층 로비에 대형 어항을 설치한다. 그리고 팀원을 지역 동물원의 바다거북 투어에 데려간다. 이를 통해 팀원은 당신의 목표를 받아들이고 새로운 미션을 추구한다. 그 미션은 더 많이 벌거나 파는 것이 아닌, 지구를 해치지 않으면서 모두가 원하는 무언가를 제공하는 것이다. 이를 위한 아이디어가 풍부하게 쏟아지면서 기업 내 모두가 미션을 달성할 '그 누군가'가 되는 데 동참한다.

결과 ▶ 연구 끝에 옥수수 껍질과 다른 자연 재료를 가지고 생분해성 재질의 고리를 개발했다. 재료비가 플라스틱 대비 비싼 게 단점이지만, 당신은 생산비 절감과 마케팅을 통해 문제를 해결하기로 한다. 그런데 한 사원이 아이디어를 제시한다. 눈에 띄는 색상 대신 귀여운 캐릭터를 디자인해 넣자는 것이었다. 그렇게 고리에 바다거북 캐릭터를 사용했는데 반응이 좋았다. '거북을 살리는 포장 고리'에 열광한다. 그렇게 당신은 해양 생물을 살리는 최대 기여자 가운데 한 명이 된다.

욕구 18 | 꿈과 비전의 일치

✕

"구성원의 꿈과
기업 비전의 방향이 일치하는가?"

에이미 카르텔리Amy Cartelli는 우리 저술팀의 핵심 사원이다. 원래 판매 관리 담당 파트타이머로 합류한 그는 아이레스가 8주의 휴가를 떠난 사이 블로그 및 고객 관리를 비롯해 각종 궂은 일을 도맡았다. 그가 판매 외 업무에 지원한 이유는 일상에 활력이 될 만한 새로운 일을 원했기 때문이다. 그러면서 자신의 목표도 솔직히 밝혔다.

"저는 가족과 함께하고 싶습니다."

일과 가족 사이에서 균형잡기가 카르텔리의 목표였다. 남편은 출장이 잦았고, 아들은 대학생이었다. 카르텔리 혼자 부모님을 돌보며 시간을 보냈다. 가족이 모두 모이는 것은 쉽지 않았고 자연히 가족과 시간을 보낼 기회도 부족했다. 가족과 함께하기, 가족의 구심점 되기가 카르텔리의 꿈이었다. 그의 꿈은 자연스럽게 우리의 비전이 됐다.

먼저 카르텔리를 위한 직무를 만들었다. 일주일 정도 자리를 비워도 나중에 처리할 수 있거나 누군가가 대신 처리할 수 있도록 업무를 조정했다. 여기에 휴가 신청을 망설이지 않도록 배려했다. 카르텔리는 우리와 일하기를 매우 좋아하고 우리 역시 그를 좋아한다. 그는 사무실에 있을 때는 성과를 내기 위해 열심히 몰입한다. 다른 사원이 자신에게 도움을 청할 땐 자기 일처럼 도왔다. 그간 아버지를 여의고 암과 투병하면서도 그는 수년간 우리와 함께했다.

8주의 휴가를 떠났던 아이레스의 꿈은 도움과 희망이 필요한 이들에게 봉사하는 것이었다. 하지만 그에겐 꿈이 또 하나 있었다. 바로 숲속에 집을 마련하는 것이었다. 이를 위해 우리는 주4일제를 실시했다. 아이레스는 집값을 벌기 위해 3일은 부업을 했다. 그렇게 번 돈으로 숲속 집의 꿈을 더욱 빨리 이룰 수 있었다. 사원의 꿈을 실현하기 위해 돈이 들어간다는 생각을 버려라. 비용이 적게 들거나 심지어 들지 않아도 가능한 방법이 존재한다. 다만, 사원의 꿈이 무엇인지는 확실히 알아야 한다.

《벤 10$^{Ben 10}$》으로 유명한 작가 리$^{C. B. Lee}$는 주로 청소년 판타지와 SF 소설을 쓴다. 흥미로운 점은 그의 본업이 따로 있다는 사실이다. 조직에서 리의 작가 활동을 지원해 주었기 때문에 가능한 일이다. 리는 샌디에이고 코믹콘이나 도서전 참가 때는 잠시 업무를 쉴 수 있었다. 그 대신에 업무 시간엔 더욱 열심히 일했다. 기업이 자신을 위해 무엇이든 하기 때문이다.

자신의 목표와 꿈에 맞추어 직무가 설계되면, 사원은 당신과 기업을 위해 더 높은 성과를 내려 노력하고 기업에 계속 일하려 남을 것이다. 이 주제를 다룬 훌륭한 책으로 매튜 켈리 Matthew Kelly 의 《드림 매니저 The Dream Manager》가 있으니 읽어 보기 바란다.

오멘 | 꿈과 비전을 일치시키기

×

당신은 동네에서 데어리킹 The Dairy King 이라는 아이스크림 가게를 운영한다. 동네 고객들은 데어리킹의 다양한 맛과 놀라운 질감을 매우 좋아한다. 다만, 사원들이 업무에 열정을 보이지 않는다는 느낌을 지울 수 없다. 물론 그들은 데어리킹을 자랑스러워하고, 요식업에서 놀라울 만큼 믿을 만한 능력을 갖췄다. '꿈과 비전의 일치'가 충족되지 않았을 뿐이다.

목표 ▶ 고객뿐 아니라 사원에게도 도움이 되는 가게가 되는 것이다.
↓ 직업은 돈을 벌기 위한 수단 그 이상이 돼야 하기 때문이다.
측정 ▶ 측정법은 단순하다. 사원들이 데어리킹을 일하는 곳으로만 여기는지, 아니면 자신의 꿈이 실현되는 곳으로 여기는지를 익명 설문으로 확인하기로 했다. 측정 결과 데어리킹은 일터로서는 좋지만 딱 그뿐이었다.

평가 ▶ 시간이 지나면서 변화의 결과가 나타날 것이다. 분기마다 사원들을 만나 인식의 변화를 기록하기로 했다. 그리고 1년에 두 번 설문을 통해 데어리킹이 꿈을 실현하는 직장이 됐는지를 확인할 것이다.

육성 ▶ 켈리의 《드림 매니저》 내용을 바탕으로, 12년간 근속한 사원을 '드림 매니저'로 임명한 다음 책의 솔루션을 적용한다.

결과 ▶ 이러한 변화는 결과가 보이기까지 실제로 수년이 걸린다. 해당 목표를 환영하는 사원도 있고 혼란스러워하는 사원도 있었다. 어쨌든 당신은 장기적 시각으로 목표를 유지했다. 그 결과 데어리킹은 '개인의 꿈을 실현시키는 직장'이라는 평판을 얻었다. 이직 및 퇴직도 줄어들어 채용 공고를 낼 필요가 없어졌다. 너 나 할 것 없이 오고 싶어 하며, 사원이 그만두고 싶어 하지 않기 때문이다. 자연스레 데어리킹에서 일하는 것은 지역 내에서 명예로 여겨지기 시작했다.

욕구 19 | 피드백 신뢰성

✕

"구성원, 고객, 커뮤니티가
비판적·우호적 피드백을 모두 제시하는가?"

어떤 공중화장실은 위생 상태를 확인하기 위해 버튼 세 개를 달아 놓았다. 웃는 얼굴의 초록 버튼, 무표정한 얼굴의 노랑 버튼, 화난 얼굴의 빨강 버튼 세 가지다. 누군가가 빨강 버튼을 누르면 담당자가 와서 바로 청소를 시작한다. 그 전에는 담당자가 정기적으로 화장실을 직접 점검했다. 하지만 점검 시간 사이에 갑자기 사람이 몰려 위생 상태가 나빠지면 그 뒤의 이용자는 더러운 화장실을 써야 했다. 버튼 세개 시스템을 통해 위생 상태 확인이 빨라졌다. 초록 버튼이 자주 눌린다면 화장실 위생이 괜찮은 상태란 뜻이다. 반면 노랑 혹은 빨강 버튼이 자주 눌린다면 평소보다 자주 점검을 하면 된다.

앞서 말했듯, 내 인생의 미션은 '더 많은 경영자를 부자로 만들기'다. 책과 강연을 통해 실행 가능성이 높은 솔루션을 더 많이 제공하려 한다. 당신은 새로운 제품과 서비스를 내놓고 '잘되길 기도'만하면 안 된다. 고객, 공급사, 커뮤니티, 팀 구성원의 피드백에 끊임없이 귀를 기울여야 한다. 목적에 맞게 경영을 하는지, 기업 미션을 충실히 지키는지, 기업 안팎으로 좋은 영향을 미치는지 말이다.

내 경우, 나름의 피드백 고리가 있다. 책마다 독자에게 피드백을 요청한다. 책의 내용마다 피드백의 내용도 다르다. 그렇게 나는 저마다 다른 내용의 편지, 전화, 이메일을 받는다. 피드백 하나만 읽어도 모든 스트레스가 싹 사라질 정도다. 이 방법의 장점은 적절한 시간에 적절한 내용의 피드백을 직접 받을 수 있다는 점이다. 또한 내게 소명의 기회가 있다는 것도 장점이다.

피드백의 경우 대부분이 격려나 칭찬이지만, 불만이나 비난의 피드백도 분명 존재한다. 실제로 《Surge》 내용이 형편없다는 피드백을 받았었는데, 나는 그 내용을 인정할 수밖에 없었다. 그 책에서 나는 기업가 정신을 쉽고 빠르게 만드는 솔루션 대신 경영자 이론을 다소 지루하게 풀어냈기 때문이다. 경영자 이론 역시 중요한 내용이지만 독자가 기대한 내용은 아니었을 것이다. 그리고 독자가 이런 피드백을 할 만큼 나를 편안하게 생각한다는 의미로 받아들였다. 그 피드백을 받고 나서, 나는 이 책처럼 기업가 정신의 한 측면을 단순화할 도구를 제공하는 데 더욱 집중하고 있다. 당연히 조롱이나 비난의 피드백도 있다.

"옷도 바보 같고, 글마저 바보 같네요. 그 싸구려 조끼 되게 거슬리고요. 책에다 웃기겠거니 써 놓은 농담은 더 거슬려요."

하지만 나는 여전히 싸구려 조끼 차림으로 거슬리는 농담을 던진다. 책 내용에 대한 노랑 버튼이나 빨강 버튼은 이미 각오한 문제다. 노랑 버튼이나 빨강 버튼이 자주 눌리면 좀 더 주의하고, 조사하고, 조정해야 한다는 신호로 받아들인다. 이렇게 나는 내 책이 누군가에게 어떻게 도움이 됐는지 확인하는 것을 매우 좋아한다. 내가 제대로 가는지를 바로바로 확인할 수 있기 때문이다.

만약 게리 채프먼 Gary Chapman 의 《5가지 사랑의 언어 The Five Love Languages》를 읽지 않았다면 꼭 읽어 보라! 이 책에 의하면 사랑을 나타내는 데는 다섯 가지 언어가 있는데 사람마다 반응하는 언어가 다르다고 한다. 다섯 가지 언어는 바로 '인정의 말, 함께하는 시간, 선물, 봉사, 신체 접촉'이다. 참고로 나는 '인정의 말'에 반응한다. 그래서 독자에게 사랑을 최대한 확인할 수 있도록 피드백을 설계한다. 관심에 목말랐다거나 자기중심적으로 보일 수도 있지만, 독자의 사랑을 통해 나는 앞으로 계속 나아갈 수 있다. 나를 계속 나아가게 하는 연료, 계속 개선하도록 만드는 연료, 미션을 달성하게 하는 연료, 인생의 목적을 추구하도록 만드는 연료가 바로 독자 그리고 당신의 사랑이다.

오멘 | 실시간으로 개선하는 조직 만들기

×

당신은 유명 관광지의 부티크 호텔을 운영한다. 위치 특성상 경쟁이 치열하지만 당신의 호텔은 특히 청결 면에서 평가가 좋다. 문제는 그 평가를 믿을 만큼 투숙객 피드백이 충분치 않다는 점이다. FTN 분석 결과 '피드백 신뢰성'이 필수욕구로 확인됐다.

목표 ▶ 청결에 대해 솔직한 피드백을 빠르게 받는 시스템 구축하기다. 이미 당신의 호텔은 청결함으로 유명하지만 그 수준을 좀 더 높이고 싶다. 따라서 "베개 하나까지도 실망시키지 않는다"는 목표를 세운다.

측정 ▶ 체크아웃 뒤 피드백보다 실시간 피드백이 더욱 솔직한 법이다. 이를 위해 욕실마다 버튼 두 개를 설치하기로 했다. 투숙객이 초록(깨끗함), 빨강(전체 청소 필요) 버튼을 눌러 욕실 상태를 바로 알리도록 했다. 특이한 점은 노랑 버튼으로 중간 상태를 체크하지 않는 점이다. 기준을 단순화하고, 위생 상태를 더욱 엄격히 구분하기 위함이다.

평가 ▶ 버튼의 색상이 평가 결과다. 호텔은 시시각각 깨끗한 상태를 유지해야 한다.

육성 ▶ 당신은 위생 점검이 더 빠르고 많이 이루어지기를 원한다. 다만, 이를 위한 충원 계획은 없다. 그때 지배인이 버튼 대신 무료 애플리케이션을 활용하자고 했다. 애플리케이션을 통해 투숙객의 피드백이 더 빨라지고 간편해진다는 이유였다. 만약 투숙객이 애플리케이션의 빨강 버튼을 누르면 바로 응답 메시지와 함께 사원을 보내면 된다. 실제로 당신은 빨강 버튼에 더욱 신경을 써야 한다. 이에 빨강 버튼을 누르거나, 위생 상태를 알려 주는 투숙객에게 포인트를 주기로 했다. 일정 포인트가 쌓이면 숙박이나 식당에서 사용할 수 있다. 일정 포인트를 달성할 경우 호텔 로비 '명예의 전당' 명판에 이름을 올린다.

결과 ▶ 이제 사원뿐만 아니라 깔끔을 떠는 고객까지 호텔 위생을 유지한다. 위생 상태를 칭찬하는 평판이 눈에 띄게 후기에 기록된다. 투숙객 반응과 언론을 통해서도 위생에 대한 좋은 피드백이 확인된다.

욕구 20 | 보완 네트워크

✕

"고객경험 개선을 위해
타사와 협력을 추구하는가?"

나는 카페에 자주 가지 않는다. 직접 내려 마시는 게 싸기 때문이다. 그런 나를 사로잡은 동네 카페 한 곳이 있다. 언젠가 나는 분튼커피 Boonton Coffee 라는 카페에 간 적이 있다. 영화배우 빈센트 프라이스Vincent Price 처럼 날렵한 콧수염에 깡마른 남자가 내게 인사를 건넸다. 그 사람이 사장인가 싶었다.

커피는 직접 내려 마시는 만큼, 나는 홍차를 주문했다. 그런데 그의 한마디.

"길 아래 카페를 추천해요. 거기 홍차가 매우 훌륭하거든요!"

그 '콧수염' 사장은 길 아래 카페 홍차가 왜 최고인지, 어떻게 가면 되는지를 계속 설명했다. 그리고 이렇게 덧붙였다.

"아니다! 그냥 편하게 여기서 드세요. 다른 메뉴를 만들어 드릴게요. 홍차 말고는 거기랑 큰 차이가 없어서요. 다음엔 길 아래 홍차를 가지고 오셔도 됩니다."

결국 나는 생각에도 없던 커피를 주문해야 했다. 콧수염 사장은 커피를 가져다주면서 이렇게 말했다.

"제 선물입니다. 손님께서 원하신 메뉴가 아니니까요."

세상에! 분튼커피는 커피를 파는 곳이 아니었다. 편안함을 파는 곳이었다. 내가 홍차를 사러 길 아래 카페에 가도 콧수염 사장은 상관하지 않을 것이다. 내가 커피를 마시러 올 것을 알기 때문이다. 지금 당신은 생각할 것이다. 왜 분튼커피는 홍차를 제공하지 않느냐고. 대화에서 보듯이 콧수염 사장은 홍차를 줄 수 있었지만 다른 메뉴를 권했을 뿐이다. 만약 그가 길 아래 카페보다 못한 홍차를 줬다면 BHN의 〔체계〕를 손상시키는 첫걸음을 내디딜 뻔했다.

업계의 대가가 되기 위해서는 한 가지 분야에 집중해야 한다. 분튼커피의 그 한 가지는 커피였다. 만약 분튼커피가 '분튼커피 & 티'가 되는 그날은 카페 업계에서 스페셜리스트가 아닌 제너럴리스트가 되는 날이며, '멧돼지'가 나올 수 있는 위험한 길을 따라 힘든 행군을 떠나는 날이다. 콧수염 사장은 고객에게 가장 큰 영향을 주려면 고객이 필요로 하는 것을 정확히 제공해야 함을 잘 아는 사람이었다. 그것이 경쟁자의 것이라 해도 말이다.

1947년작 영화 〈34번가의 기적 Miracle on 34th Street〉을 보았는가? 보지 않았거나 본 기억이 나지 않는다면 볼 것을 추천한다(이 문단에 스포일러가 있으니, 영화를 볼 예정이라면 다음 페이지 중간으로 넘어가기 바란다). 크리스 크링클이라는 노인이 메이시백화점의 산타클로스로 일하면서 벌어지는 온갖 이야기가 영화의 줄거리다. 대부분의 사람은 크링클 노인이 정신병원에서 탈출하기 위해 자신이 진짜 산타클로스임을 증명해야 한다는 이야기에 초점을 맞춘다. 하지만 개인적으로 눈에 띄는 장면이 하나 있다. 원래 메이시백화점의 산타클로스 업무 중 하나는 아이들이 원하는 장난감이 백화점 어느 매장에 있는지 부모에게 알려 주는 것이다. 그런데 크링클 노인은 이 규칙을 따르지 않는다. 더 좋은 장난감이 있거나 같은 제품이 더 저렴하다면 경쟁사인 김벨스백화점으로 가라고 알려 줬던 것이다! 당연히 매장 관리자는 매우 화를 냈다. 하지만 고객의 쇼핑 스트레스를 줄여 주는 백화점이란 입소문이 퍼지면서 오히려 고객이 몰려들기 시작했다. 그리고 크링클 노인을 보기 위해 긴 줄이 늘어섰다.

영화는 영화일 뿐이라고 하지만, 현실에도 비슷한 예가 존재한다. 분튼커피가 그랬고, 프로그레시브손해보험Progressive Insurance에서는 경쟁사 보험료 정보까지 제공한다. 비교 후 어디에 가입할지 스스로 선택하라는 뜻이다. 이토록 경쟁사 혹은 다른 선택지를 기꺼이 수용하는 자세는 고객의 신뢰를 높인다. 설령 경쟁사 제품을 선택한다 해도 고객은 자신에게 좋은 영향을 끼쳤다고 평가하기 때문이다. 그렇다면 타사와 '합리적으로 협업할 수 있는 방안'은 과연 존재할까?

놀랍게도 그 '피도 눈물도 없는' 아마존이 협업의 좋은 사례다. 아마존은 입점 업체와 협력을 추구한다. 누구나 아마존에 입점해 판매를 할 수 있다. 심지어 고객이 아마존 직판이 아닌 입점 업체의 물건을 구매해도 아마존의 승리다. 입점 업체 매출의 일정 부분은 아마존의 몫이며, 다양한 입점 업체로 인해 아마존에서는 어떤 물건이든 구할 수 있다는 인식이 생기기 때문이다. 그 외에도 '아마존 주문처리Fulfillment by Amazon'라는 이름의 물류 대행 서비스를 제공한다. 소비자 입장에서는 더 빠르게 물건을 받을 수 있고, 입점 업체의 경우 물류비를 아끼는 동시에 아마존은 물류비로 수입을 올리는 '윈-윈' 구조다.

오멘 | 좋은 평판을 위해 협업하기

×

당신은 플로리스트다. 결혼식, 생일 파티를 비롯한 각종 행사에 다양한 꽃 장식을 판매한다. FTN 분석 결과 '보완 네트워크'가 필수욕구로 확인됐다. 어떻게 타사와 효과적으로 협업할 수 있을까?

목표 ▶ 당신의 꽃이 없더라도 고객의 행사가 최고로 기억될 수 있도록 하기다. 물론 허락되는 한 당신은 항상 멋지고 화려한 꽃 장식을 제공할 것이다.

측정 ▶ 〔영향력〕과 〔유산〕을 검토한 결과, 매출 등의 수치 데이터로는 변화 측정이 어려워 보인다. 게다가 고객이 어떤 감정을 가지는지가 더 중요한 기준이다. 이를 위해 호감도나 평판이 담긴 언어 데이터(리뷰)를 측정에 사용하기로 했다.

평가 ▶ 평균 주문량은 일주일에 약 3건 정도다. 따라서 리뷰가 자주 올라오지 않아 변화가 바로 측정되지 않는다. 따라서 웨딩 플래너나 이벤트 업체 등의 보완재 제공 업체 네트워크 크기를 측정하고, 고객에게 추천받은 업체 중 어디가 좋고 나빴는지를 확인하기 위해 고객 관리를 시작한다. 측정의 변화를 통해 업계에서 당신의 견인력을 확인할 수 있다.

육성 ▶ 온라인 리뷰는 당신의 발전을 나타내는 강력한 지표가 된다.

"여기 플로리스트는 행사 업체 중 최고였어요"나 "웨딩 플래너보다 플로리스트가 더 많이 연락하고 더 많이 도와 주었어요. 믿을 수 없을 정도예요!" 같은 리뷰가 보인다. 당신만 칭찬받는다고 좋은 것은 아니다. 리뷰를 통해 대체적으로 평가가 나쁜 곳이 있는지 확인한다. 그중 당신이 고객에게 소개한 업체도 분명 있을 것이다. 이제 당신은 그런 곳을 리스트에서 지워야 한다. 고객에게 평가가 좋은 업체가 보이면 그곳과 계속 네트워크를 유지하라.

결과 ▶ 당신은 꽃 장식도 예쁘게 만드는데 다른 서비스에까지 도움을 준다는 평판이 생긴다. 자연스럽게 여러 이벤트 업체와 행사 때 서로 도움을 주는 관계를 구축한다. 그중 대형 행사를 전문으로 하는 곳도 있다. 자연스럽게 행사당 수입도 늘어난다.

그 야구단의 유명해지는 법

×

경제경영 분야 작가에게 최고의 특권은 '독자의 경영 여정 지켜보기'다. 특히 제시 콜Jesse Cole과 그의 야구단이 보여 준 여정은 내게 최고의 이야기였다. 바로 사바나 바나나스Savannah Bananas라는 마이너리그 소속 팀이다.

나는 구단주인 콜의 연락을 받고서야 사바나 바나나스의 존재를 알았다. 콜은《수익 먼저 생각하라》초판을 읽고 사업에 적용했다고 말했다. 수익에 노력을 기울이고 다른 구단에서 시도하지 않은 일에 뛰어든 덕분에 야구단은 전례 없는 성공을 경험했다. 2017년, 2018년, 2019년 전 시즌 매진을 기록한 것이다. 나도 그들의 경기를 여러 번 관람했고 2018년에는 시구를 맡는 영예를 누렸다. 당시 시구는 그들만의 별난 방식으로 이루어졌다. 야구공 대신 두루마리 휴지를 들고 마운드에 나가야 했으니 말이다(화장실에서 휴지 세 칸만 남았을 때처럼 간절히 혁신하라는 책 내용에 대한 오마주였다). 야구공으로 연습한 10시간은 소용없게 됐다.

콜과 나는 절친이 됐다. 함께 식사를 하고 많은 대화를 나누었으며 조지아주에 있는 콜의 집에서 우리 부부가 일주일을 머무르기도 했다. 또한 그는 내가 개발하는 새로운 도구에 기꺼이 '실험 대상'이 됐다. 내가 FTN 분석을 처음 적용한 경영자 중 한 명이 바로 콜이었다. 2019년 기준 사바나 바나나스의 연 매출은 3,500만 달러를 넘어섰고, 정규직 12명과 시간제 사원 150명이 일한다. 관객 수, 매출, 수익 그리고 그 외의 수많은 항목에서 사바나 바나나스는 리그를 이끄는 팀이다.

FTN 분석에서 사바나 바나나스는 [매출, 수익, 체계]의 모든 욕구를 만족했다. 심지어 [영향력]에서는 '혁신 지향'을 삼중으로 표시했다. 그는 야구 경기를 전달하는 사람임과 동시에 가족에게 건전하고 즐거운 시간까지 제공한다. 그런데 [영향력]에 욕구가 하나 남아 있었다. 바로 '보완 네트워크'였다. 어느 정도 진전이 있긴 했지만 아직 불완전한 상태였다. 콜은 바로 보강 작업에 착수했다. 그 작업의 실마리는 바로 맥주였다.

콜은 야구계에 오랫동안 몸담은 인물이다. 야구단 브랜드를 확장해 경기장 밖에서도 영향력을 키우는 게 최종 목표였다. 경기장을 가득 채우려면 4,000~5,000명이 필요한데, 콜은 사바나 바나나스의 영향력이 이미 그 4,000~5,000명에 도달했다고 판단했다. 경기장 밖으로 영향력을 확장할 수 있다면 더 많은 사람의 삶을 바꿀 수 있다.

콜은 조지아주 사바나에 있는 서비스브루잉Service Brewing Co. 과 협력해 경기장에서 팔 맥주를 만들기로 했다. 야구단 로고나 이름 사용에 대한 로열티를 안 받는 대신, 야구단 이름에 맞게 '바나나맛 맥주'를 개발해 팔자는 제의였다. 그 맥주를 시즌에 집중적으로 판매할 생각이었다. 새로운 맥주는 날개 돋친 듯 팔려 나갔고 서비스브루잉과 야구단 양측에 성공적이었다. 더 많은 이들이 사바나 바나나스의 문화를 체험할 새로운 방법이 생겼다는 게 가장 큰 성과다.

또 새로운 아이디어가 콜의 뇌리를 스쳤다. 바로 방송 활용하기였다. 그간 사바나 바나나스는 독특한 행보 덕분에 여러 프로그램에 소개됐다. ESPN의 경우 다른 마이너리그 팀이나 올스타 팀보다 그들의 경기를 더 많이 중계했을 정도다.

"우리가 '보완 네트워크'뿐만 아니라 진짜 네트워크(방송)를 활용할 수 있다는 사실을 깨달았습니다."

필수욕구를 정확히 찾았다. 먼저 예전에 들어왔던 섭외 요청부터 모두 검토했다. 그 가운데 이매진엔터테인먼트 Imagine Entertainment 라는 프로덕션의 메모를 발견했다. 이매진엔터테인먼트는 유명 프로듀서 브라이언 그레이저 Brian Grazer 와 배우 겸 영화감독 론 하워드 Ron Howard 가 경영하는 곳이다. 이 둘은 폭스 채널 시트콤 〈못 말리는 패밀리 Arrested Development 〉를 비롯해 여러 영화와 TV 프로그램을 제작했다.

시즌이 끝날 무렵, 콜은 이매진엔터테인먼트에 전화를 걸었다. 그리고 2019년, 시즌 마지막 두 경기 때 이매진엔터테인먼트 프로듀서 조노 맷 Jono Matt 은 관중석에 앉아 사바나 바나나스의 모든 것을 경험했다. 그렇게 드라마 한 편이 논의되기 시작했다. 이매진엔터테인먼트에 들어온 4,500건의 기획안 중 20건이 후속 작업 진행을 위해 선정됐다. 그리고 그 가운데 하나가 만장일치로 선정됐다. 맞다. 바로 사바나 바나나스를 소재로 한 기획안이었다. 콜은 필수욕구를 정확히 찾아 에너지를 쏟았고, 사바나 바나나스는 영향력을 급격히 확대하기 직전에 다가섰다.

당신이 보려고 하는, 봐야 하는 것은 멀리 있지 않다. 당신 바로 앞이나 근처에 계속 있었다. 다만 초점을 제대로 맞추기 전까지는 그 사실을 알 수 없다.

이것부터 해결하라

FIX
THIS
NEXT

MAKE THE VITAL CHANGE THAT WILL LEVEL UP YOUR BUSINESS

영원한 유산을 남기고 은퇴하라

기업,

그 이상의

기업이 되기

내 친구 중 한 명은 지속 가능한 수준 이상으로 기업 매출을 늘렸고, 기업은 20년 넘게 성장했다. 대단히 수익성 높은 기업이다. 그 기업은 마치 오차 적은 시계처럼 돌아간다. 친구는 '정해진 시간만 되면 무언가를 하기 위해' 일하러 가는 모습이었다.

언젠가 그 친구에게 은퇴 후 계획이 있는지 물었다.

"몇 년 뒤? 50살 될 때쯤 은퇴할 것 같아."

과연 은퇴하고 뭘 하고 싶을까?

"매일 골프 치러 갈 거야. 그것도 두 번씩."

오랜 친구니 비판적으로 생각하지 않으려 했지만, 친구의 은퇴 계획은 생각대로 이뤄지지 않겠다 싶었다. 아마도 18번째 홀에서 핀을 향해 걸어가는 것을 백 번쯤 하다가 "이게 다야?"라는 질문을 내뱉는 순간이 분명 찾아올 것이다.

실제로 〔매출, 수익, 체계〕를 훌륭히 이루고 나서 "이제 끝!" 하며 은퇴하는 경영자가 매우 많다. 분명 그들은 사업에서 꿈꾸던 것을 이뤘다. 그런데 그 꿈을 이루면 끝일까? 하던 대로만 해도 망하지 않는 사업을 하는 건 나쁜 게 아니다. 전적으로 당신의 선택이자 권리다. 이제 〔체계〕까지 다졌으니 퇴근 후 칵테일만 홀짝이며 슬렁슬렁 지낸다 해도 마찬가지다. 다만 여기서 끝난다면 매슬로가 못마땅한 표정으로 당신을 쳐다볼지 모른다. 자아실현을 추구하며 살지 않기 때문이다. 경영으로 자아실현을 추구하기 위해서는 두 단계가 더 있음을 깨달아야 한다.

2017년 4월, 캔자스주 아칸소시티에 사는 한 청소년이 동네 들판에서 포탄을 발견했다. 매우 오래된 포탄이었다. 주 정부는 고고학자에게 이를 알렸고, 조사 결과 그 포탄은 1601년 스페인 군대가 원주민 위치토족에게 쏜 것으로 밝혀졌다. 더욱 놀라운 것은 그 포탄 아래에서 위치토족의 거대 도시 에차노아Eztanoas가 발견됐다는 사실이다.

아마 에차노아가 준 충격은, 여느 경영자가 BHN의 상위 두 단계인 〔영향력, 유산〕을 마주했을 때의 충격과 비슷할 것이다. 〔매출, 수익, 체계〕는 포탄 하나고, 〔영향력, 유산〕의 크기는 에차노아의 크기와 같다면 와닿겠는가?

〔영향력, 유산〕에서 당신은 두 가지 사실을 깨달을 것이다. 당신은 당신만의 방식으로 세상에 기여하기 위해 존재한다는 것이고, 당신에겐 일생일대의 기회가 있다는 것이다. 실제로 당신은 경영을 통해 많은 사람에게 영향을 미치고, 영원한 기업을 만들 수 있는 기반을 제공받아 왔다.

〔매출, 수익, 체계〕는 기본 단계로 이를 다지는 것은 매우 중요하다. 하지만 그것만이 전부는 아니다. 〔영향력, 유산〕을 통해 지역사회, 나라, 세상의 큰 이로움을 위해 더 할 일이 있음을 깨닫고, 무엇을 하고 싶은지를 결정해야 한다. 그렇게 당신이 〔유산〕을 구축한다면 〔매출, 수익, 체계〕가 더욱 확고해짐을 느낄 것이다. 이에 마음이 간다면 당신은 BHN의 5단계를 모두 완수할 준비가 된 것이다(아니면 내 친구처럼 "이게 다야?"라는 질문이 나와도 마찬가지다). 당신 기업 아래에는 웅장한 도시가 분명 존재한다.

기업의 유산이란 당신의 역할이 끝난 후에도 계속 영향력을 발휘하는 기업의 모든 요소다. 인생을 쏟아부어 사업을 시작해 성장시켰지만, 이제 경영에서 중요한 요소는 당신이 아님을 깨달을 때, 기업의 본질이란 세상에 긍정적인 영향을 미치는 것임을 깨달을 때 기업의 유산이 만들어진다.

당신은 코카콜라 창업자 이름을 아는가? 구글링하지 말고 바로 답해 보라. 많은 이들이 그 이름을 곧바로 떠올리지 못한다. 아니, 애초에 관심이 없었을 것이다. 그렇다고 창업자 아사 캔들러^{Asa Griggs} Candler가 경영에서 실패했을까? 당연히 아니다. 세계 어딜 가도 코카콜라를 모르는 이들은 거의 없다. 기업의 유산을 남기는 데 캔들러는 엄청난 성공을 거뒀다. 이처럼 [유산]에서 당신의 역할은 코카콜라의 캔들러처럼 당신 없이도 오래가는 기업을 남기는 것이다.

포탄 아래 새로운 도시를 찾고 싶은가? 이제 당신은 기업이 세상에 어떤 영향을 미칠 것인지([영향력]), 당신이 없어도 어떻게 항상 미션이 실행되도록 만들 것인지([유산]) 정해야 한다.

욕구 21 | 커뮤니티 지속성

✕

"고객이 기업을
열렬히 응원하고 지원하는가?"

밀랍 립밤으로 유명한 자연주의 화장품 회사 버츠비^{Burt's Bees}의 창업자인 버트 샤비츠^{Burt Shavitz}를 아는가? 다음은 샤비츠와 내가 마지막으로 통화했을 때 이야기다. 여러 매체에서 보도된 대로 그는 괴짜였다. 집 전화와 휴대폰이 없었다! 그에게 연락하기 위해서는 정해진 날짜와 시간에 그가 사는 동네 식당에 전화를 해야 했다. 그 절차를 거쳐서야 나는 샤비츠와 몇 차례 이야기를 나눌 수 있었고, 그의 경영 스토리는 내 책 《Surge》에 실렸다. 2007년, 버츠비는 9억 2,500만 달러에 크로락스^{Clorox}로 인수됐고 그 후 샤비츠는 자신의 초상화를 제외하고 버츠비에서 완전히 배제됐다(물론 나중에 홍보 목적으로 행사에 참석한 적은 있지만).

샤비츠와의 마지막 통화에서 그는 버츠비에 대해 이야기하며 한탄했다. 대기업에 인수된 후 버츠비는 거대한 기계 같은 기업으로 변했고 '단순함'이라는 본질을 잃은 것 같다면서. 마지막 통화를 끊기 전에 나는 그에게 물었다.

"만약에, 어떤 일이든 다시 할 수 있다면 무엇을 할 겁니까?"

"아무것도 안 할 겁니다."

그리고 샤비츠는 2015년 7월 세상을 떠났다. 샤비츠의 존재를 그리워한 사람들은 크로락스의 버츠비 소비자가 아니었다. 크로락스의 버츠비 제품을 구매한 소비자는 버츠비가 추구한 단순함을 그리워하지 않았다. 버츠비가 초심을 잃어도 분노하지 않았다. 버츠비 제품의 품질이 떨어진다면 애정 어린 비판 대신 조용히 다른 제품을 선택할 것이다. 물론 버츠비는 앞으로 수십 년간 성공적인 기업으로 남을 것이다. 다만 샤비츠가 원하던 모습은 아니다.

기업의 유산은 주식시장 상장도, 수십억 달러의 매출도 아니다. 당신이 계획한 방식으로 세상에 남은 기업의 흔적이 유산이다. 물론 버츠비처럼 당신이 유산을 정의하고 준비하지 않아도 유산이 생길 수도 있다. 단, 당신이 원하지 않는 방식으로 말이다(샤비츠의 경우처럼).

〔유산〕에서 당신이 할 일은, 무엇을 흔적으로 남기고 싶은지 규정하고 그것을 위한 체계를 세우는 것이다. 그리고 경영에서 물러나야 한다.

오멘 | 사람이 모이는 회사 되기

×

당신의 기업은 전기 그릴을 만든다. '세상에서 가장 부드러운 고기를 선사하는 최고의 전기 그릴'을 만든다. 〔매출, 수익, 체계, 영향력〕으로도 평판은 충분히 확인 가능하다. 하지만 FTN 분석 결과 지금까지의 경영은 커뮤니티가 전혀 고려되지 않은 것으로 나타났다. 이제 고객의 열렬한 응원과 지원이 필요하다.

목표 ▶ 당신은 가족의 행복이란 좋은 식사에서 나온다고 믿는다. 이젠 경영에 더해 가족적인 메시지를 고객에게 전파해 지속되길 희망한다.

측정 ▶ 당신의 고객을 중심으로 한 모임 건수를 측정하기로 했다. 가족 행사나 주말 점심 모임, 간단한 파티 등 다양한 형태가 측정 가능하다. 실제로 성공한 브랜드는 커뮤니티를 가진다. BMW와 할리데이비슨Harley-Davidson은 고객을 대상으로 경주 대회를 개최한다. 게임 개발사 블리자드Blizzard는 블리즈컨BlizzCon이라는 게임 전시회를 주최한다. 하다못해 '평평한 지구학회Flat Earth Society'같은 곳도 연례 행사를 가진다.

평가 ▶ 고객 초청 연례행사가 변화의 시작점이 될 것이다. 즉, 평가
⌄ 에는 다소 시간이 걸릴 것이다.

육성 ▶ 팀 회의에서 일명 '서포터스'가 필요하다는 제안이 나왔다.
충성 고객이나 의견을 자주 보내는 고객 중 일부를 선정한
다. 그리고 첫 연례행사를 계획한다. 고객을 초청해 음식 경
연이나 공연 등 다양한 프로그램을 준비한다.

결과 ▶ 참가자 수는 100명 정도로 기대치에 훨씬 못 미쳤지만, 예
상치 못한 곳에서 호응이 나왔다. 초청받은 셰프들이 당신의
그릴만으로 가능한 요리법을 알려 주는 '강좌'를 즉흥적으
로 진행했는데, 몇몇 입담 좋은 셰프가 자신의 요리법에 더
해 가족과의 이야기를 곁들였기 때문이다. 두 번째 행사부터
는 규모가 커지면서 요리 강좌와 가족 이야기 나누기가 가장
큰 주제가 됐다. 그리고 세 번째 행사에서 마법 같은 일이 일
어났다. 참가자 중 한 명이 '가족과 고기 먹는 날'이란 자체
공휴일을 지내기로 선언한 것이다. 당신의 커뮤니티에서 유
산이 시작됐다! 심지어 회사가 신형 그릴을 출시하면서 기
존 그릴을 더 만들지 않자, 커뮤니티에서는 "예전 그릴이 더
맛있게 굽는다"며 재생산을 요구하는 토론회를 열었다. 커뮤
니티를 이룬 고객으로 인해 당신의 기업은 전기 그릴 분야의
대명사가 된다.

욕구 22 | 계획적 리더십 전환

✕

"참신함을 유지하기 위한
계획이 있는가?"

《수익 먼저 생각하라》 개정판이 나온 지 2년 뒤, 나는 만 명이 넘는 인원이 모인 큰 비즈니스 콘퍼런스에 폐막 연사로 초청받았다. 참고로 나는 강연이 있을 때, 몇 시간 전 미리 강연장에 도착해 참가자 대열에 뒤섞인다. 강연 전 행사와 청중의 분위기를 파악하기 위함이다. 나를 미리 알아보는 사람은 많지 않다. 책 제목이나 이름을 들으면 알 수도 있지만 책 안쪽 '조끼 입은 남자'의 사진까지 신경 쓰지는 않기 때문이다. 강연 후에는 대부분이 나를 알아본다. 무대 위에 있었으니까. 그런데 이 콘퍼런스에서 나를 알아보지 못한 참가자를 만난 적이 있다. 내가 자리에 앉자 그 참가자는 내 어깨를 톡톡 치면서 조용히 말했다.

"처음 뵙는 것 같네요. 무슨 일을 하십니까?"

나는 밝은 어조로 속삭였다.

"작가입니다."

그러자 그는 눈을 반짝이며 말했다.

"그래요? 이 책을 꼭 읽어 보셔야 합니다. 잠깐만, 제목이… 아! 《수익 먼저 생각하라》네요."

방금 처음 만난, 이름 모를 '멋진' 친구가 '내 책'을 '내게' 추천하다니! 가슴이 벅차오르고 춤을 출 뻔했다. 그 책 작가가 바로 당신 옆에 앉은 사람이라는 진실을 터뜨리고 싶어 견딜 수가 없었다. 진실을 터뜨린 후 그의 얼굴에서 곧 나타날 놀라움을 기대했다. 그렇게 거만해진 자아가 진실을 터뜨리려는 순간 그가 한마디를 던졌다.

"아! 신디 토머슨이 쓴 책이네요!"

진실 대신 내 자아가 터지고 말았다.

《수익 먼저 생각하라》는 개정판까지 나왔고, 나는 그 책의 방법론을 수천 번 소개했었다. 그런데 그 '얼간이'는 그 책을 추천하면서 저자가 누군지도 제대로 몰랐다. 그런데! 내 심정이 뭔가 변하기 시작했다. 터진 자아가 다시 부풀기 시작했고, 기쁜 마음이 들기 시작했다. 왜 그랬을까?

실제로 토머슨은 《Profit First for eCommerce 수익 먼저 생각하라: 전자상거래 편》의 저자다. 이 책은 내 이론인 '수익 먼저'를 바탕으로 틈새시장을 중점적으로 다룬 책이다. 또한 토머슨은 내가 창업한 PFP 구성원 중 하나로, 나와 같은 주제로 강연할 수 있도록 교육을 받기도 했다.

'결론은 훌륭했던' 추천을 해 준 그에게 감사를 표시하며, 나는 강연을 위해 무대 뒤쪽으로 갔다. 대기 중에 '수익 먼저'가 나를 넘어 널리 확산된 아이디어라는 사실에 흥분감을 느꼈다. 이제 '수익 먼저'는 나만의 이론이 아니다. 관련 책을 쓰고 그 방법을 널리 알린 여러 전문가와의 공동 소유다(신디 토머슨, 존 브릭스[John Briggs], 숀 반 다이크[Shawn Van Dyke], 크리스 앤더슨[Chris Anderson], 드류 하인리히[Drew Hinrichs], 케이티 마셜[Katie Marshall], 마이클 맥레나한[Mike McLenahan] 등).

자신의 아이디어가 사람을 편하게 만드는 것을 보면 더 큰 기쁨과 만족감이 생기지 않는가? '얼간이'가 아닌, 이름 모를 '멋진' 친구가 내 책의 저자를 토머슨으로 착각한 것에서 기쁨을 느낀 이유다.

물론 '수익 먼저'가 자신의 아이디어라고 말하는 것은 엄연한 범죄다. 실제로 나는 '수익 먼저'로 인해 한 기업을 상대로 법적 조치를 취하기도 했다. 하지만 토머슨에겐 그러지 않았다. 그가 알맞은 자질을 갖추고 '수익 먼저'를 공유하는 것에 대해 나는 매우 기쁘다. 다양한 전문성을 갖춘 회계 및 비즈니스 전문가가 내 이론을 바탕으로 신선한 아이디어와 적응 방안을 만든다면 너무나 행복하다.

[유산]의 기본 욕구를 달성하고 싶다면 이 질문에 답할 수 있어야 한다.

'당신의 리더십을 이어받을 사람에 대한 계획이 존재하는가?'

'당신이 없는 상황에서 당신의 획기적인 아이디어는 어떻게 펼쳐질 것인가?'

오멘 | 거인과의 싸움을 준비하기

×

당신은 광고 에이전시를 운영한다. 규모가 크진 않아도 [매출]에서 [유산]까지 어느 정도 기반을 갖췄다고 판단된다. 다만 규모가 더 커지지 않더라도, 당신이 경영에서 손을 떼더라도 더 큰 경쟁사를 압도

하는 능력을 유지시키고 싶다.

목표 ▶ 누가 경영을 맡든 상관없이 계속 성장하고 유산을 지키는 회사 만들기다. 사원 35명이 있고 각 리더의 참여와 발전을 이끌어 낼 계획이 필요하다. 이를 위해 주 고객인 중소기업에 큰 혜택을 주는 미션을 수립한다.

측정 ▶ 첫 번째 측정 기준은 "계획이 있는가?"이며, 두 번째 측정 기준은 "그 계획을 실행하는가?"이다. 이 경우 측정 시기보다는 준비가 중요하다. 당신이 당장 은퇴할 예정은 아니어도 언제 어떤 일이 생길지 모르기 때문이다. 어느 때에도 경영이 지속 가능하도록 준비해야 한다.

평가 ▶ 주요 목표의 중간 목표를 세우고 리더십 전환 계획, 후보 리더 육성 방안 그리고 최종 리더 선정 계획을 수립한다. 이를 위해 잭 웰치Jack Welch 에서 제프 이멜트Jeff Immelt 로 갈아탄 제너럴일렉트릭General Electric 의 사례 등에서 리더십 전환의 장단점을 분석할 수 있다. 특히 제너럴일렉트릭의 경우는 겉으로는 좋아 보였지만 내부적으로는 자존심 싸움과 마찰이 많았다. 다양한 사례를 통해 효과적 방안을 찾아 실행하며, 과정에서의 마찰을 최대한 피하기 위한 여건에도 신경 쓴다.

육성 ▶ 이 미션은 구성원 모두가 노력해야 하는 일이다. 당신의 역할은 흔들림 없이 미션을 지키면서, 리더십 이동을 더욱 유연하게 하는 방법 찾기다. 회의 중 몇몇이 임기제를 제안했다. 꽤 괜찮은 방안이긴 하지만 임기를 정한다고 다 민주주의는 아니다. 여러 논의 결과, 내부 인재 중 회사의 미션을 잘 이해하며 직무 역량을 갖춘 이들을 몇몇 뽑아 관리하기로 했다. 평사원으로 시작해 임원까지 오른 샐러리맨의 사례에서 힌트를 얻을 수 있다.

결과 ▶ 후보 리더 몇몇이 선정됐다. 당신은 여전히 경영에 참여하지만, 뽑힌 후보 리더는 경영을 위해 더욱 신경 써 관리할 예정이다. 예상외로 그들의 자리가 빨리 생기지 않는다면 다른 곳에서 능력을 발휘할 수 있도록 배려할 것이다. 후보 리더를 뽑아 관리하는 이유는 당신의 후계자를 빨리 찾기 위함만이 아니다. 자기만의 긍정적 유산을 수립할 줄 아는 인재를 육성하고, 그런 분위기를 회사에 정착시키기 위함이다.

욕구 23 | 진심 어린 후원자

✕

"기업 안팎에서
자발적 홍보가 일어나는가?"

브루클린 99 관할 경찰서를 배경으로 한 〈브루클린 나인-나인Brooklyn Nine-Nine〉이란 시트콤이 있다. 당신도 알 만한 〈새터데이 나이트 라이브Saturday Night Live〉에서 코믹 연기로 유명해진 앤디 샘버그Andy Samberg가 출연한다. 〈브루클린 나인-나인〉은 2013년에 폭스 채널에서 방영

되기 시작했다. 호평을 받으며 마니아가 생겼음에도 시즌 5 이후 한동안 방영이 중단됐다. 2018년 5월 11일, 방영 중단 소식이 알려지자 마니아들은 온갖 소셜 미디어에 집합했다. 트위터에는 통일된 해시태그를 올리고(#SaveB99), 다른 소셜 미디어에는 시트콤 내용을 줄기차게 포스팅했다. 그리고 폭스 채널에는 공동 명의의 탄원서를 제출했다. 유명인도 가세했다. 유명 뮤지컬 〈해밀턴Hamilton〉의 극본가이자 주연이었던 린마누엘 미란다Lin-Manuel Miranda 까지 동참했다. 폭풍 같던 하루가 지난 5월 12일, 〈브루클린 나인-나인〉 제작자는 NBC에서 방영이 이어질 것이라고 발표했다. 시청자가 프로그램을 지킨 것이다.

이 사건의 핵심은 커뮤니티(시청자)가 제품(프로그램)을 자발적으로 뒷받침했다는 점이다. 출연자가 항의한 것도 아니었고, 제작자가 탄원서를 쓰지도 않았다. 오로지 시청자의 자발적 행동이 이룬 결과다. 실제로 예전에 방영된 드라마가 넷플릭스를 비롯한 여러 스트리밍 서비스에서 다시 인기를 끄는 경우가 꽤 있다(이 과정에서 신규 시청자도 유입된다). 그 제2의 인기 뒤에는 팬의 영향력이 있다. 아무리 재미있고, 팬이 많던 드라마라도 재방송 요청이 없다면 스트리밍 서비스에서 주목하지 않을 것이다.

나는 마크 프리드먼Marc Freedman 의 강연을 통해 세대 간 연결 고리에 대해 생각했다. 프리드먼은 《How to Live Forever영원히 사는 법》의 저자인데 내가 들었던 강연은 세대 관계 구축에 대한 내용이었다. 줄기세포와 호르몬 그리고 생화학 및 유전학 기술의 발전을 소개한 다음

'많이 움직이고 좋은 것 먹기'에 대한 이야기를 좀 곁들이겠거니 예상했다. 하지만 그의 주장은 내 예상을 빗나갔다. 한마디로, 젊은 세대와의 관계가 많을수록 기대 수명이 늘어난다는 이야기였다. 그것도 젊은 세대와 노년 세대 모두에게 해당된다고 한다!

프리드먼의 강연을 듣고 나니, 성공적인 기업(기대 수명이 긴 기업)도 똑같다고 느꼈다. 그들 역시 의도적으로 특정 고객(세대)과 계속 연결되려 하기 때문이다(예를 들어, 아버지가 스무 살 때 쓰던 제품을 스무 살 아들도 쓰도록). 사랑과 애정 없이 세대 간 연결은 불가능하다. 그러면 고객에게 어떻게 사랑과 애정을 쏟아야 할까? 어떻게 하면 고객이 당신과의 연결을 자랑할 수 있을까? 방법은 네 가지다. 이야기, 상징, 그들만의 용어, 특정 장소를 통해서다.

고객에게 사랑과 애정을 잘 쏟는 대표적 기업은 월트디즈니컴퍼니Walt Disney Company(이하 디즈니)다. 디즈니는 가족의 즐거움과 관련된 모든 것을 제공하는데 미키마우스 등의 캐릭터가 좋은 예다. 디즈니 캐릭터와 오랜 시간 깊은 관계를 가진 팬은 나이를 먹어서도 디즈니 캐릭터를 찾는다. 여러 캐릭터 제품은 디즈니의 메시지를 전달하고, 그들의 모임 장소는 디즈니랜드가 된다. 스타벅스도 만만치 않다. 이젠 여러 카페에서도 쓰지만 '벤티, 그란데, 프라푸치노'는 스타벅스를 상징하는 그들만의 용어였다. 초록 컬러는 스타벅스의 상징이며, 스타벅스는 자연스럽게 모임 장소가 된다. 이러한 요소는 고객 충성도를 높인다. 스타벅스 팬은 집 여기저기를 스타벅스 제품으로 채우기 시작한다. 우리 집만 해도 스타벅스 머그와 커피가 있고, 내 아내는 스타벅스 셔츠도 (대략 열 장) 가지고 있다.

디즈니와 스타벅스 말고도 해당 사례는 수없이 많다. 할리데이 비슨 마니아는 회사 로고를 문신으로 새기는 것으로 유명하다. 미국의 유명 가수 지미 버핏 Jimmy Buffett 의 팬(일명 '패럿 헤드parrot head')은 버핏이 운영하는 호텔인 마르가리타빌 Margaritaville 의 술집을 애용한다(이름에 안 맞게 그곳 마르가리타 맛이 매우 없음에도!). 텔레비전, 영화, 문학 등의 콘텐츠도 마찬가지다. 콘텐츠로 뭉친 커뮤니티의 경우 원작을 바탕으로 한 새로운 콘텐츠까지 직접 만들기도 한다. 등장인물의 옷을 직접 만들어 입고 배우와 창작자를 만나는 팬 컨벤션fan convention 에 등장하기도 한다.

매슬로 역시 커뮤니티의 중요성을 알고 있었다. 욕구 단계의 세 번째가 바로 커뮤니티에 속하고자 하는 욕구, 무언가의 일부가 되고자 하는 욕구이기 때문이다. 성공한 브랜드는 고객을 위해 고유한 커뮤니티를 만든다. 그리고 고객에게 사랑과 애정을 쏟고 소속감을 부여한다. 당신의 임무는 그들이 정말 원하는 것을 주면 된다. 그러면 사람들은 당신의 기업을 '자발적으로' 널리 알릴 것이다.

오멘 | 유니세프보다 더 잘 후원받기

×

당신은 '승리'라는 콘셉트로 박물관을 열 예정이다. 특이한 물건만 골라 전시한 게 '믿거나 말거나 박물관'과 비슷하지만 일관된 콘셉트가 있는 게 차이다. 예를 들자면 전시물 중에 체르노빌 원전 사고 현장에서 발견된 인형이다. 사고 당시 과학자들은 체르노빌에 생명체가 돌아오는 데 2만 년이 걸릴 것이라 예측했다. 하지만 불과 30년 뒤 야생동물이 보이기 시작했다. 비록 진짜 동물이 아닌 인형이지만, 자연의 승리라는 메시지를 전하는 데는 문제가 없다. 당신의 '승리' 박물관 운영이 이어지려면 마니아가 있어야 한다. 그리고 그들이 이야기, 상징, 그들만의 용어를 가지고 박물관에 모여야 한다.

목표 ▶ '승리'의 메시지를 박물관 유산으로 만들기다. 커뮤니티를 적극 지원하고, 그들에게 박물관 관련 의견을 내는 데 자율권을 보장해야 한다. 그래야만 자발적 홍보가 가능해진다.

측정 ▶ 주로 인터넷 반응을 보기로 했다. 물론 방문자 수 등의 다른 지표도 살펴볼 것이다. 어떤 형태로 커뮤니티가 만들어지고 운영될지는 미리 알 수 없으므로, 진행 상황을 면밀히 관찰해 주의를 기울이는 수밖에 없다. 이를 보면서 측정 기준을 발전시킬 예정이다.

평가 ▶ 미션 특성상 달성 기간을 정하기 어렵다. 효과적인 측정법도 확실하지 않다. 따라서 일단 진행 상황을 보면서 한 달에 한 번 결과에 대해 논의하기로 한다.

육성 ▶ 큐레이션팀과 논의한 결과 좋은 아이디어를 얻었다. 먼저, 서포터스에게 일명 '승리 큐레이터Triumph Curator'라는 직함을 주는 것이다. 새로운 아이디어나 관심 있는 전시물을 제보하고, 박물관 운영을 지원하는 것이 임무다. 이를 위해 박물관 관람이 끝나면 관람객에게 승리 큐레이터를 맡아 달라 권유하는 유인물을 배포한다. 두 번째 아이디어는 첫 번째 아이디어와 완벽하게 어울린다. 승리 큐레이터의 공로가 인정될 경우 그들의 명판을 같이 전시하는 것이다.

결과 ▶ 처음 대부분의 관람객은 굳이 승리 큐레이터가 되길 원하지 않는다. 그저 신기한 물건을 보고 싶어 박물관에 온 경우가 대부분이기 때문이다. 하지만 몇몇 지원자가 나타났다. 그들은 당신이 박물관을 연 목적에 대해 기가 막히게 이해했고 매우 흥미로운 아이디어도 내놓았다. 승리 큐레이터가 활동을 시작한 후, 관람객 수는 어느 정도 늘어나지만 원하는 수준은 아니다. 그러나 분명 보이지 않는 곳에서 뭔가가 진행될 것이라 생각한다. 그리고 승리 큐레이터는 그들만의 커뮤니티를 인터넷에 개설했다(당연히 당신은 그 과정에 관여하지 않는다). 여러 커뮤니티가 생겼는데, 그중 한 곳이 유명해지면서 해당 커뮤니티가 회사 차원의 업무로 전환됐다. 3년 후, 내부 팀보다 커뮤니티에서 더 재미있고 신기한 물건이 소개된다. 그렇게 당신의 박물관은 커뮤니티를 기반으로 성장하기 시작했다.

욕구 24 | 분기별 조정

×

"명확한 비전이 있는가?
그리고 그 비전을 위해 분기마다 적극적으로 조정을 시행하는가?"

분기별 조정이란, 목표를 가장 효율적으로 달성하기 위해 '90일마다' 관련 변수를 조정하는 개념이다. 마치 배 주위의 바람(에너지) 방향을 확인하기 위해 바람이 부는 쪽으로 배를 돌리는 기술과 비슷하다. 요컨대 목표는 배가 가야 할 곳이다. 이제 그 목표로 가기 위해 충분히 바람을 받도록 돛과 뱃머리를 조정하고, 바닷속 장애물을 피해 항해한다. 위에서 보면 배는 직선으로 가는 게 아니라 지그재그를 그리며 도착지로 나아간다.

경영도 항해와 마찬가지다. 다들 빠른 목표 달성을 위해 직선으로 나아가길 원하지만 현실에서는 바람(시장)을 이용하고 장애물(경쟁자, 경기 등)을 적절히 피해 가야 한다. 당신의 기업도 지그재그를 그리며 앞으로 나아간다. (유산)을 완성하는 것도 마찬가지. 경영에 대해 수시로 창조와 조정을 반복할 수 있어야 한다.

그 유명한 장난감 회사 레고^{LEGO}를 살펴보자. 1990년대 후반 레고는 파산 직전까지 갔었다. 경쟁 제품도 많아진 데다, '남자아이만 좋아하는 옛날 장난감'이라는 이미지가 강해졌기 때문이다. 먼저 레고는 시스템 개선과 비용 절감부터 시행했으며, 2011년에는 레고라는 브랜드를 확장시킨다. 그 시도는 성공적이었고, 이제 레고는 남자

아이에 더해 여자아이까지 모두 좋아하는 장난감이 됐다. 심지어 〈레고 무비 The Lego Movie〉라는 영화가 제작될 정도였다. 이 영화는 전 세계에서 5억 달러가량의 수입을 레고에게 안겨 줬다. 더욱 큰 성과는 레고의 이미지가 단순한 장난감 브랜드 이상으로 인식됐다는 점이다. 이제 레고는 하나의 엔터테인먼트 프랜차이즈다.

오멘 | 비바람 잘 피해 가기

×

당신은 아이스티를 만든다. 매출은 탄탄하고, 수익은 예측 가능하며, [체계]의 모든 욕구를 충족했다. 당신의 아이스티는 '친구와 함께하고 싶을 때 생각나는 그것' 수준의 느낌으로 받아들여진다. 문제는 아주 미세하지만 매출이 지속적으로 줄어든다는 것이다. FTN 분석 결과 '분기별 조정', 즉 조직 전반에 걸쳐 분기별 조정에 대처해야 한다는 결과가 나왔다.

목표 ▶ 매출뿐만 아니라 조직 자체의 침체도 막아야 한다. 이를 위해 각 부서는 분기별 계획을 능동적으로 조정할 수 있어야 한다.

측정 ▶ 각 부서가 분기별 조정 계획을 실행하는지를 측정한다. 분기별 조정 계획이란 목표를 달성하기 위한 90일간의 계획이다. 이 90일의 단기전이 끝난 후 각 부서는 활동에 대해 정확히 확인하고 빠른 조정을 해야 한다.

평가 ▶ 당신은 부서 간 소통, 조화, 논쟁에 대해 적극적으로 대처해야 한다. 기업 전체의 향상을 위해 각 부서가 지그재그로 적절히 움직이도록 부서별 상황을 매주 점검하고, 90일마다 결과를 확인한다.

육성 ▶ 각 부서별 리더의 리더십을 키울 기회다. 리더 회의를 통해 당신은 전사적 비전을 설명하고 함께 논의해 헌신을 이끌어 내야 한다. 그리고 각 부서의 전폭적인 지원을 바탕으로 기업의 비전 달성을 뒷받침할 성과 지표를 체계화해야 한다. 그리고 부서 간의 지원이 중요함을 강조한다. 예를 들어 한 부서가 목표 달성을 못한 대신 다른 부서의 목표 달성을 돕고 기업 비전을 뒷받침했다면, 당신은 목표 달성을 못한 그 부서를 독려해야 한다.

결과 ▶ 당신은 응원단장과 소통위원장(혹은 민원 처리반)이 돼야 한다. 어느 날 서비스팀에 문제가 발생해 영업팀의 목표 달성이 타격을 입었다. 영업팀은 연 매출 최고 수치라는 목표를 향해 순조롭게 나아갔는데, 사후 지원 건이 급격히 늘고 그 대응이 지연되면서 고객 불만이 터져 나왔기 때문이다. 이에 영업팀은 시간을 벌기 위해 최대한 판매를 늦추고 고객의 불만을 돌릴 만한 방법을 고민했다. 고객과 서비스팀 모두를 만족시키기 위해 영업팀이 할 수 있는 최선의 방법이었다. 이러한 영업팀의 조치는 자칫 회사 전체 문제로 번질 수도 있던 상황을 훌륭히 피해 간 조치였다. 매출이 줄었는데 영업팀을 칭찬하는 게 뭔가 바로 이해되는 상황은 아니다. 하지만 이 경우는 다르다. 영업팀은 팀의 목표보다 기업 전체의 성공과 평판에 더 신경 썼기 때문이다.

욕구 25 | 지속적 적응

×

"기업이 지속적으로
변화에 적응하고 개선하도록 설계됐는가?"

옛날 사무실에서 쓰던 타자기는 이제 컴퓨터로 대체됐다. 컴퓨터 역시 언젠가 다른 장치로 대체될 확률이 높다. 그 대체 수단은 또 다른 수단으로 대체될 것이다. 당신의 사업은 어떤가? 어려운 혹은 예측 불가능한 변화에 대비 중인가? 예상치 못한 상황에 기업이 흔들린다면 당연히 유산을 남길 수 없다.

작가로서 나는 책이라는 존재가 수백 년은 더 존재할 것이라 믿'고 싶'다. 하지만 이 생각은 일종의 덫이다. 이미 수백 년간 존재한 물건이라 해서, 무엇으로 대체될지 얼른 생각나지 않는 물건이라 해서 그것이 영원히 계속되리라 확신할 수는 없다. 내가 독자와 이메일을 통해 일대일로 연락하려 하는 것은 이 때문이다. 물론 매일 수백 통의 메일에 답하는 것이 지속 가능한 방법은 아니다. 그럼에도 나는 매시간 이메일을 확인하려 한다. 중요한 것은 방법을 계속 고민한다는 것 아닐까? 세상에 변하지 않는 것은 없다. 세상 그 어떤 무엇도 변한다는 사실을 제외하고.

그 유명한 넷플릭스를 생각해 보자. 넷플릭스의 사업은 비디오 대여로 시작됐다. 하지만 기술적 변화에 따라 인터넷을 통한 구독 방식으로 서비스를 전환했다. 그 후로도 변신을 거듭해 스마트폰이나 태블릿을 통해 어디서든 영화와 드라마를 볼 수 있게 만들었다. 이 변화는 항공사에까지 변화를 촉발했다. 이제 항공기 좌석의 스크린이 없어지고, 그 자리에 스마트폰이나 태블릿 거치대가 생기는 중이다. 넷플릭스의 변화는 어디까지 갈까? 아무도 모른다. 다만 나는 언젠가 넷플릭스가 (혹은 변화에 성공한 다른 기업이) 뇌와 연결할 수 있는 장치를 통해 시청자가 영화의 일부가 되는 경험도 제공하지 않을까 생각한다.

닌텐도는 화투를 만들다 콘솔 게임 분야의 리더로 변신했다. 리글리Wrigley's는 비누를 만들다 껌을 만들어 제과 회사로 변신했다. 미국의 자동차경주 대회인 나스카NASCAR는 경찰차를 피해 술을 빼낼 방법이 필요했던 밀주업자로부터 비롯됐다. 이젠 수십만 명이 술을 마시며 나스카를 관람 중이다. 변화에 실패하면 진짜 실패다. 당신 사업의 본질에는 변화하는 자세가 확고히 심어져야 한다.

오멘 | 경쟁사보다 멀리 보기

×

어느덧 마지막이다. 당신은 대형 술집을 열었다. 팬돔Fan Dome 이라는 이름의 독특한 경기장 콘셉트의 술집이다. 술집 가운데엔 대형 스크린이 있고, 스크린을 기준으로 좌석을 나눠 놓았다. 한쪽은 홈팀 자리고 다른 쪽은 원정팀 자리다. 대형 스크린에 경기가 중계되면 점원이 좌석 사이를 지나다니면서 "시원한 맥주 있습니다"라고 외치고 주문을 받아 술과 안주를 제공한다. FTN 분석 결과 '지속적 적응'이 필수 욕구로 나온다. 뭔가 새로운 콘셉트로 시작했으니 계속 새로운 콘셉트를 고민해야 한다.

목표 ▶ 당신의 사업이 유산이 되려면 예상치 못한 상황에 대비하고
⤋ 그에 따라 전략과 방향을 조정해야 한다.

측정 ▶ 분기별 조정 계획을 마련하면서, 과제와 기회를 분석하고 최
종 목표를 확인하는 시간을 추가한다. 이를 통해 변화 시점
⤋ 을 서로가 확인할 것이다.

평가 ▶ 90일마다 "우리가 제대로 된 사업을 하는가?"에 대해 열띤
논의를 한다. 여기서 당신은 좋은 점, 나쁜 점을 막론하고 모
⤋ 든 측면의 의견을 들어야 한다.

육성 ▶ 팬덤 대신 쓸 수 있는 새로운 콘셉트를 짜기로 했다. 구성원
서로가 지금을 뛰어넘기 위한 전략을 공유하며 각자의 아이
디어를 발표한다. 한마디로 당신의 기업을 당신의 기업과 경
쟁시키는 궁극적 브레인스토밍이다. 수많은 아이디어 중에
서 한 아이디어가 만장일치로 지지를 받는다. 팬덤의 기존
콘셉트를 보완하는 아이디어였다. 사실 모든 스포츠 경기에

서 양 팀의 관중 수가 비슷하지는 않다. 어떤 경우는 관중의 90퍼센트 이상이 한 팀에 몰릴 때도 있다. 그럴 때를 대비해 각 좌석의 통로 난간을 가변형으로 만들자는 것이었다. 또 다른 아이디어도 나왔다. 경기장 콘셉트라면 정말 경기장처럼 꾸며야 하지 않겠냐는 의견이었다. 동문회 등의 단체 손님이 올 경우 해당 학교 유니폼을 입은 치어리더를 내보내는 등의 맞춤형 서비스를 고안했다. 그야말로 '경기장보다 더 경기장 같은 술집'이 탄생한다.

결과 ▶ 반복되는 브레인스토밍을 통해 비즈니스를 전체적으로 바꿀 필요는 없음이 확인됐다. 하지만 여러 개선 방안이 쏟아졌다. 그럼에도 90일마다 분기별 조정 계획은 계속 실시한다. 적어도 경쟁자보다 더 멀리 내다보고 있다는 것을 확인하기 위해서다.

FTN 실행

×

딩동! 서비스업 CEO를 대상으로 교육 서비스를 제공하는 'CEO 워리어CEO Warrior'의 창업자 마이크 아굴리아로Mike Agugliaro 에게 문자메시지가 왔다. 메시지 창을 열자 헐크가 울퉁불퉁한 근육을 자랑하며 포효하는 사진이 나왔다.

딩동! 다시 이어진 메시지에서 본론이 나왔다.

"매우 획기적이네요! (FTN은) 당신이 보여 준 것 중 단연 최고의 시스템입니다."

당시 나는 VIP 경영자를 대상으로 FTN 강연을 막 끝낸 뒤였고, 아굴리아로도 그 강연에 있었다. 그는 내게 1년에 세 번 꼴로 근 10년간 기조연설을 맡겼고, 매번 내 강연을 들었다. 당연히 내 책의 내용을 속속들이 알고 있었다. 내가 《수익 먼저 생각하라》에 대해 10번째 강연했을 때도 그가 있었다. 여전히 강연을 들으며 열심히 메모하고 있었다.

아굴리아로가 FTN에 대한 강연을 들은 것은 VIP 경영자 대상 강연이 처음이었다. 그때 나는 BHN을 소개했고 그는 즉시 내용을 메모하며 질문을 던지고 자신의 생각을 공유했다. 그는 강연장에서 바로 FTN 분석을 시행했다. 그리고 사업에 긍정적인 영향을 가장 크게 미칠 만한 한 가지를 파악하고 그것에 대해 즉시 조치를 취하려 했다. 그가 BHN을 어떻게 이용했고, 무엇을 발견했으며, 어떤 조치를 취할 예정인지는 그의 이메일로 알 수 있다.

> 욕구 단계가 정말 훌륭해요! 기업과 경영자의 성장 기회를 명확히 파악하는 데 정말 유용했습니다. 매우 감탄하며 바로 책상 앞에 붙여 두었습니다.
>
> BHN을 살펴보기 전에 저는 경영진의 비전 및 커뮤니케이션 개선과 강화된 체계(조직 개선, 프로세스 합리화 같은)가 답이라고 생각했어요. 도표를 살피면서 제 생각이 맞구나 확인했습니다. 우리는 이미 [매출, 수익, 체계]를 달성했고 예측 가능한 사업을 운영

합니다. 하지만 우리의 사업이 그저 ATM처럼 되어 제가 매일 빈 둥거리게 되길 원친 않습니다. 당신이 말했듯 저는 세상을 완전히 바꾸고 싶었습니다. 그렇게 우리는 [영향력]을 달성했습니다. 이제 우리 고객은 우리가 가르치는 내용을 '실천하는' 사람이 아닌 '믿는' 사람이 됩니다. 이제 우리의 사업은 [유산] 단계에 왔다고 생각합니다. 어떻게 하면 기업이 제게 의존하지 않고 영원히 사람의 삶을 바꾸도록 할 수 있을까요? 도표의 질문을 바탕으로 [유산]에 대해 우리는 이렇게 파악했습니다.

우리는 [유산]의 첫 번째와 다섯 번째 욕구(커뮤니티 지속성과 지속적 적응)를 이미 훌륭하게 달성했습니다. 다만 리더십 전환 계획을 명확히 세우고, 후원자 커뮤니티를 육성하고, 비전을 명확하게 정의하려 합니다. 우리는 [유산]에서 우리가 잘하는 범주와 개선할 수 있는 기회가 무엇인지로 범위를 좁혀서 명확하게 정리했습니다.

그리고 BHN이 사다리가 아닌 순환 고리라는 것도 이제 알았습니다. 그리고 기업이 성장함에 따라 [매출, 수익, 체계, 영향력, 유산]을 확대해 모든 단계에서 경로 조정이 필요할 수도 있음을 알았습니다. 따라서 규모가 두 배로 커지면 우리가 서비스하는 새로운 틈새시장(보통 300~500만 달러)으로 돌아가 우리가 순조롭게 나아가는지, 각 단계에서 모든 기회를 추구하는지도 확인할 것입니다.

마침내 단순하고 살아 숨 쉬는 전략을 찾은 것 같습니다. 매일 꺼

내 볼 겁니다. 그리고 당신이 이 내용을 주제로 강연하는 것을 더

지켜볼 것입니다. 가능하다면 우리 행사에 기조연설을 해 주시면

좋겠습니다.

당신은 할 수 있으며
해낼 것이다

휴먼 스토리 영화 주인공이 될 만한 친구 이야기를 하려 한다. 폴란드 자브제에서 태어난 토마스 고르니 Tomas Gorny 이야기다. 고르니는 푸릇한 20대 초반에 아메리칸드림을 쫓아 미국으로 건너왔다. 하지만 그는 빈털터리였고 미국인이 '우둔하다'고 느낄 만큼 강한 폴란드 억양을 구사했다. 안타깝게도 몇몇 단어에서 말이 막히거나 발음을 틀리기 일쑤여서 우둔하다는 편견이 더욱 커졌다. 하지만 그는 편견과 추측을 이점으로 활용했다.

"말이 느리다고 생각까지 느린 건 아니라고요."

그가 내게 했던 말이다.

경영에서 고르니는 '로프 어 도프rope-a-dope'(복싱에서 로프의 신축성과 반동을 이용해 상대의 공격을 무력화하는 기술_옮긴이) 전략을 썼다. 경쟁사는 그의 숨은 능력을 무시했고, 거만한 태도로 업계 기밀이나 정보를 마음 놓고 공유했다. 고르니는 '우둔한' 자신이 최고라고 점찍은 상대에게만 가장 좋은 계약 조건을 제시하곤 했다.

그렇게 고르니는 수억 달러 규모로 기업을 성장시킨 뒤 매각했다. 20대 초반의 '우둔한' 빈털터리는 시간이 흘러 억만장자가 됐고 아메리칸드림이 우리 모두에게 실현될 수 있다는 사실을 증명했다. 현재 고르니는 넥스티바Nextiva 라는 인터넷 전화 회사를 운영한다. 3억 5,000만 달러 규모의 이 기업을 들여다보면 편안한 환경에 겸손한 사원으로 가득 차 있다. 물론 일부는 CEO처럼 강한 억양을 쓰기도 하지만 매우 똑똑한 사원들이다. CEO를 모델 삼아 최고의 거래를 성사시키는 데 모든 것을 집중한다. 자존심을 앞세워 일할 자격이 있는 조직이다. 물론 BHN을 잘 활용하기도 했다.

아마 당신도 경영을 하며 온갖 편견을 경험했을 것이다. 주변에서 당신과 당신의 능력에 대해 함부로 추측했을 것이고 당신 역시 스스로에 대해 그런 추측을 만들었을지도 모른다. 그러나 고르니와 마찬가지로 당신을 정의하는 것은 다른 사람의 인식이 아니다. 가족, 사원, 자신을 위해 아메리칸드림을 이룰 수 있는지에 대한 스스로의 두려움도 아니다.

이제 당신은 건강하고 지속적 성장을 이루는 데 도움이 될 도구인 BHN을 가졌다. BHN은 당신이 사업의 어떤 영역에 먼저 초점을 맞추고 어떤 문제를 다음에 해결할지 쉽게 찾도록 해 줄 것이다.

당신이 몇 달, 몇 년, 몇십 년간 기업을 꾸려 왔다면, 시간의 길이와 상관없이 당신이 성공적인 경영을 위해 수많은 요소에 숙달했다는 (혹은 숙달 중이라는) 증거다. 그동안 당신은 수많은 잠재 고객을 유치해 고객으로 바꿨다. 고객을 편하게 만들 제품과 서비스를 제공했다. 어렵사리 수금을 해 공급사에 대가를 치렀다. 비협조적인 사원, 블랙 컨슈머, 불황 시기에 성공적으로 대처했다. 경쟁사를 이기면 축하를 받았고, 경쟁사로부터 지면 다시 일어나 새롭게 도전했다.

이미 당신은 어떤 도전도 받아들일 역량과 추진력을 가졌다. 사막의 모래바람을 당당히 뚫고 나갈 추진력을 가졌으며, 길을 잃을 정도로 어둡고 울창한 밀림을 헤쳐 나갈 강인함을 가졌다. 또한 수천 개의 산을 오를 수 있는 에너지와 그 길을 막는 어떤 맹수와도 맞설 용기가 있다. 만약 내가 야생으로 떠나야 하는데 한 사람만 데리고 갈수 있다면 지금 이 책을 읽는 당신을 선택하겠다. 지금껏 당신이 경영자로 지금까지 견뎌 작게나마 성과를 냈다는 사실만으로도 이미 슈퍼히어로다. 그렇기에 경영에서 길을 잃어도 당신은 길을 찾아 목적지에 닿을 것이다.

어제와 같은 일로 돌아가는 대신 당신의 힘을 특정한 방향에 쏟는다고 생각해 보라. 그리고 당신이 닿을 수 있는 거리가 얼마나 될지 상상해 보라. 앞으로 나아갈 방향을 계속 알려 줄 도구를 얻는다면 당신의 경영 여정에서 무엇을 발견할 수 있을지 상상해 보라. 당신의 경영과 회사는 나다움을 표현하고 사람에게 도움이 될 최고의 플랫폼이자, 옳은 방향으로 향했을 때 당신에게 가장 놀라운 경험을 가져다줄 강력한 힘이 될 것이다.

모쪼록 이 책에서 얻은 지식과 솔루션이 당신의 경영과 회사에 가장 믿을 만한 도구가 되길, 잠시라도 도움이 되길, 당신의 기업이 여러 세대에 지속될 유산을 남기는 데 기여하길 소망한다. 프롤로그에서 소개한 내 친구 린처럼 당신도 이 책 267페이지의 BHN 시트를 잘라, 사무실 책상 앞이나 가장 잘 보이는 곳에 붙여 두기 바란다. 아니면 수첩에 간단히 옮겨 적어 놓고, 수많은 고민과 선택이 몸을 짓누를 때 꺼내 보며 당신의 필수욕구가 어디에 있는지 찾으면 솔루션이 나올 것이다.

돈 벌기 점점 어려워지는 시대를 같이 살아가는 경영자이자 친구인 당신이 자랑스럽다. 이 책을 통해 내가 당신의 경영 여정에서 한 부분이 될 수 있다면 고마울 뿐이다.

당신은 할 수 있다. 그리고 해낼 것이다.

주요 용어 해설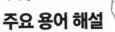

매슬로의 욕구 단계 Maslow's Hierarchy of Needs

1943년 에이브러햄 매슬로가 제시한 개념. 인간의 욕구를 5단계로 구분한다(6단계로 구분하기도 한다). 생리적, 안전, 소속, 존중, 자아실현의 욕구 순서로 이루어진다.

매출 Sales

BHN의 기본 단계. 현금 창출을 위해 반드시 필요하다.

베풀기

BHN의 두 가지 상위 단계((영향력, 유산)). 기업은 이 단계를 통해 오랫동안 머무를 사회 공헌자로 자리매김한다.

비즈니스 욕구 단계 Business Hierarchy of Needs, BHN

매슬로의 욕구 단계를 기반으로 한 비즈니스 욕구의 5단계로 매출, 수익, 체계, 영향력, 유산 순서로 이루어진다. 각 단계는 상위 단계의 욕구를 지원해야 한다.

생존의 덫 Survival Trap

비전을 향해 사업을 영구적으로 나아가게 할 고려 사항을 의도치 않게 무시한 채 표면적이고 시급한 이슈에 대응하는 상황. '앞으로 두 걸음, 뒤로 세 걸음taking two steps forward, then three steps back' 이 전형적인 예다.

수익 Profit

BHN의 두 번째 단계. 판매를 통해 창출된 현금을 보유하는 것으로 사업에 안정성을 가져온다.

《수익 먼저 생각하라 Profit First》

비즈니스에 적용되는 '자신에게 먼저 지불하기pay-yourself-first' 원칙, 즉 수입의 일정 비율을 자신의 수익으로 할당한 뒤 남은 돈으로 사업을 운영하는 방식에 대해 설명한 책.

쌓기

BHN의 세 가지 기본 단계([매출, 수익, 체계]). 기업은 사업을 지속할 수 있도록 이 단계에서 현금, 안정성, 효율성을 창출한다.

영향력 Impact

BHN의 네 번째 단계. 고객, 사원, 공급사를 위한 근본적 변화의 경험을 창출한다. 이 단계에서 기업은 이전 세 단계의 필수 요소인 거래에 집중하는 것에서 고객, 사원, 공급사에 변화와 더 큰 의미를 가져다주는 존재로 나아간다.

오멘 OMEN

목표를 정의하고 모니터링하고 바꾸는 기법. 다음과 같이 4단계로 이루어진다.

- 목표: 달성하고자 하는 결과 설정
- 측정: 목표 진척도의 측정법 결정
- 평가: 측정 지표를 검토할 횟수 결정
- 육성: 목표를 달성하지 못할 경우 목표, 측정, 평가를 어떻게 바꿀지 구체화

유산 Legacy

BHN의 가장 높은 단계. 영속성을 창출한다. 기업이 조직의 소유권과 관계없이 존속하고 변화하는 시장에 맞추어 역동적으로

변화할 수 있도록 사업 구조가 개선된다.

이것부터 해결하기 Fix This Next, FTN

가장 빠르고 건실한 성장을 촉진하는 순서대로 기업의 욕구를
확인하고 해결하는 시스템.

이중나선 함정 Double Helix Trap

경제경영 분야 작가 배리 몰츠 Barry Moltz 가 제시한 용어. 기업의
초점이 판매와 계약 이행 사이에서 오락가락할 때를 말한다. 기
업은 두 가지를 동시에 확대할 수 없으며 그 결과 사업 성장이
정체된다.

제약 이론 Theory of Constraints

엘리야후 골드랫 Eliyahu Goldratt 이 《더 골 The Goal》에서 제시한 개념.
비즈니스는 해당 프로세스의 병목지점에서 나타나는 속도로만
움직일 수 있다는 이론이다.

체계 Order

BHN의 세 번째 단계. 조직 전반의 효율성을 창출한다. 이상적
기업은 지속적이고 건실한 운영을 위해 어떤 개인에게도 의존하
지 않아야 한다.

《펌프킨 플랜 Pumpkin Plan 》

사업을 거대한 호박 농사에 비유해 폭발적·유기적 성장의 프로세스를 설명한 책. 집중을 방해하는 고객(불량 호박)을 없애고 틈새를 겨냥한 공급에 집중하는 것이 강력하고 건실한 성장을 가져온다고 주장한다.

표시되지 않은 핵심 욕구 Unchecked Core Need

만족스럽게 달성되지 않은 욕구. 기업은 언제나 표시되지 않은 핵심 욕구를 여러 개 가진다. BHN 기준으로는 가장 낮은 단계에서 표시되지 않은 욕구가 가장 시급한 것이다.

필수욕구 Vital Need

당신이 현재 겪을 가장 중요한 장애물. 건실하고 빠른 성장을 촉진하기 위해 당신의 사업에서 해결해야 하는 요소다. 어떤 필수욕구가 완전히 해결되거나, 일관되고 예측 가능한 해결 방안이 실행되면 그다음에 해결해야 할 필수욕구를 찾기 위해 FTN 분석을 이용한다.

핵심 욕구 Core Needs

BHN의 5단계를 이루는 25개 욕구. 모든 기업이 가진 가장 기본적인 욕구를 나타낸다.

《혁신본능 The Toilet Paper Entrepreneur 》

스타트업이나 어려움을 겪는 기업을 위한 책. 불충분한 자원을 '세 칸의 휴지'로 비유해 주어진 자원을 최대로 활용하는 방법을 자세히 설명한다. 즉, 현금 부족, 경험 부족, 고객 부족은 업계를 변화시키는 탁월한 기회를 창출할 수 있는 돌파구가 될 수 있다.

《Clockwork 시계 장치 》

CEO가 적극적으로 경영에 참여하지 않아도 자동으로 운영되는 사업을 만드는 프로세스에 대해 설명한 책. 조직 효율성을 높이는 프로세스를 중점적으로 다루며, CEO 없이도 원활히 운영되는 사업이 가능한지를 나타내는 시금석으로 4주 휴가를 제시한다(국내에는 번역되지 않았다).

FTN 분석 FTN Analysis

기업의 필수욕구를 찾아내는 4단계 프로세스. 어떤 필수욕구가 완전히 해결되거나, 일관되고 예측 가능한 해결 방안이 실행되면 다음 필수욕구를 찾기 위해 FTN 분석을 반복한다.

《Surge 서지 》

업계 리더가 되기 위한 경영 프로세스에 대해 구체적으로 설명한 책. 틈새시장을 빠르게 파악하고, 해당 업종의 움직임을 정확히 모니터링하고, 증가하는 수요에 대응해 공급을 유연하게 창출하는 기업은 해당 분야의 물결을 포착해 업계의 차세대 리더로 자리매김한다는 내용이다(국내에는 번역되지 않았다).

262   부록 1

참고할 만한 콘텐츠

 pumpkinplanyourbiz.com

《펌프킨 플랜》에 대한 무료 자료를 얻고 인증 코치를
찾을 수 있다.

 runlikeclockwork.com

《Clockwork》에 대한 무료 자료를 얻고 전문가의 도움
을 구할 수 있다.

 surgebymikemichalowicz.com

《Surge》를 구매할 수 있고 무료 자료를 받을 수 있다.

profitfirstbook.com

부채를 안고 있는 경우, 경영의 우선순위는 그 부채를 상환하는 것이다. 또한 사업 운영의 위험을 감수한 사람에게도 보상을 해야 한다. 따라서 부채를 상환하는 한편 수익의 일정 부분은 주주에게도 돌아가야 한다. 부채를 모두 상환하고 나면 수익은 전부 주주의 몫이 돼야 한다. 이를 위해 권고하는 상환 비율을 여기서 무료로 확인할 수 있다.

toiletpaperentrepreneur.com

스타트업 경쟁에 대한 조언을 제공하는 《혁신본능》 내용을 확인할 수 있다.

growmyaccountingpractice.com

'Grow My Accounting Practice' 팟캐스트 채널.

mikemichalowicz.com/podcast

'Entrepreneurship Elevated' 팟캐스트 채널. 회계사, 부기 담당자, 기타 전문 서비스업의 성장 전략에 대한 통찰을 얻을 수 있다.

www.profitfirstnation.com

'Profit First Nation' 팟캐스트 채널. '수익 먼저'
를 실행한 사람들의 경험과 PFP 구성원의 조언
을 들을 수 있다. 기업의 수익을 높일 수 있는 통
찰을 얻고 싶다면 들어 보라.

부착용 FTN 워크시트

THE FIX THIS NEXT
1-SHEET

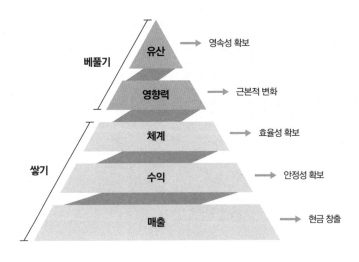

1단계 | 충족된 필수욕구 표시하기

매출
- ☐ 라이프스타일 일치 ☐ 잠재 고객 유치 ☐ 고객 전환
- ☐ 약속 이행 ☐ 대금 수금

수익
- ☐ 부채 청산 ☐ 수익 건전성 ☐ 거래 횟수
- ☐ 수익성 있는 레버리지 ☐ 지불준비금

체계
- ☐ 헛수고 최소화 ☐ 역할과 역량의 일치 ☐ 결과 위임
- ☐ 핵심 인력 여유 ☐ 우월한 평판

영향력
- ☐ 혁신 지향 ☐ 미션을 통한 동기부여 ☐ 꿈과 비전의 일치
- ☐ 피드백 신뢰성 ☐ 보완 네트워크

유산
- ☐ 커뮤니티 지속성 ☐ 계획적 리더십 전환 ☐ 진심 어린 후원자
- ☐ 분기별 조정 ☐ 지속적 적응

2단계 | 기초적인 필수욕구 찾기

현재 단계 _____

필수욕구 _____

3단계 | 필수욕구 해결하기

목표 _____

측정 _____

평가 _____

육성 _____

4단계 | 필수욕구가 해결되면 프로세스를 반복하기

필수욕구가 완전히 해결되면 이 프로세스를 반복한다.

이것부터 해결하라

초판 1쇄 인쇄일 2022년 12월 8일
초판 1쇄 발행일 2023년 1월 2일

지은이 마이크 미칼로위츠
옮긴이 유지연

발행인 윤호권
사업총괄 정유한

편집 강현호 **디자인** 양혜민 **마케팅** 명인수
발행처 ㈜시공사 **주소** 서울시 성동구 상원1길 22, 6-8층(우편번호 04779)
대표전화 02-3486-6877 **팩스(주문)** 02-585-1755
홈페이지 www.sigongsa.com / www.sigongjunior.com

글 ⓒ 마이크 미칼로위츠, 2023

ISBN 979-11-6925-446-5 03320

*시공사는 시공간을 넘는 무한한 콘텐츠 세상을 만듭니다.
*시공사는 더 나은 내일을 함께 만들 여러분의 소중한 의견을 기다립니다.
*알키는 ㈜시공사의 브랜드입니다.
*잘못 만들어진 책은 구입하신 곳에서 바꾸어 드립니다.